세상 모든 게 궁금한 너를 위한
어린이 철학 카페

KODOMO NO TETSUGAKU
Copyright © 2015 by Tetsuya KONO, Yosuke TSUCHIYA, Tomoyuki MURASE, Wakako GODO
First published in Japan in 2015 by Mainichi Shimbun Publishing Inc.
Korean translation rights arranged with Mainichi Shimbun Publishing Inc.
through Shinwon Agency Co.
Korean edition copyright © 2019 by BOOK BANK Publishing Co

이 책의 한국어판 저작권은 신원 에이전시를 통한 Mainichi Shimbun Publishing Inc.와의 독점 계약으로 북뱅크 출판사에 있습니다.
저작권법에 의해 한국 내에서 보호를 받는 저작물이므로 무단전재와 무단복제를 금합니다.

표지·본문 일러스트 **김유신**
지은이 얼굴 일러스트 **구마가이 리사**

세상 모든 게 궁금한 너를 위한

 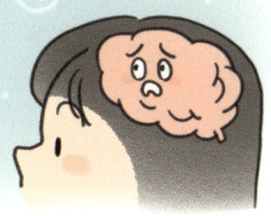

어린이 철학 카페

고노 데쓰야 · 쓰치야 요스케 · 무라세 도모유키 · 고도 와카코 글
송지현 옮김

북뱅크

시작하는 말

이 책은 어린이가 궁금해하는 것들에 대한 답입니다. 어린이의 눈으로 바라보고자 애쓰는 철학자들이 어린이가 실제로 안고 있는 물음을 함께 생각해 나가는 방식으로 대답합니다. 그렇다고 억지로 기발한 방식을 골라 쓰지는 않았습니다. 진지한 철학적 논의를 어린이가 이해하기 쉬운 말로 풀어 놓고 있지요.

그러나 여기에 답을 단 철학자 네 사람의 말은 '정답'이 아닙니다. 어린이들이 한 질문에 어린이가 스스로 생각할 수 있도록 안내자 역할을 할 뿐입니다.

이 책은 누구나 한 번쯤 떠올려 본 물음을 다루지만, 그 누구도 주어진 물음에 쉽게 대답하지 못합니다. 어른이 되면서 '아무리 생각해도 정답을 모르겠어.' 혹은 '사람마다 답은 다르니까.'라며 지레 생각하기를 포기했기 때문일까요?

답할 수 없는 물음을 끝까지 밝히고자 할 때 오는 즐거움과 대화를 통해 자기 생각이 조금씩 변해 가고 깊어지는 재미, 그것을 전하고 싶어 이 책을 만들었습니다.

이 책을 다 읽고 나서 여러분 마음속 어딘가에 있던 중요한 물음을 꺼내 다시 한 번 생각해 보면 좋겠습니다.

● 차례

시작하는 말 … 5
이 책을 손에 든 너에게 … 17

제1장 지금 네가 있는 세계에서

학교는 왜 있는 거예요?
어린이의 직장이라고 할 수 있지 … 22
집과 다른 특별한 곳이야 … 23
사회의 축소 모형 아닐까? … 24
[마무리] 왜 날마다 학교에 가는 걸까? … 25

친구는 많이 만들어야 해요?
무리해서 만들지 않아도 돼 … 27
친구에도 여러 종류가 있지 … 28
대화가 통하는 소수의 친구 … 29
[마무리] 애초에 친구란 무엇일까? … 30

공부는 왜 해야 하나요?
세계가 넓어지고 자유로워지니까 … 32

자신과 사회에 필요한 공부인지 생각해 봐 … 33
어떻게 하면 즐겁게 공부할 수 있을까? … 34
[마무리] 어른들은 왜 공부를 시키고 싶어 할까? … 35

머리가 좋은 사람은 어떤 사람인가요?

두뇌 회전이 빠른 사람일까? … 37
자신의 무지를 자각한 사람일까? … 38
좋은 뇌를 가지고 있는 사람일까? … 39
[마무리] 신경 쓰지 말고 좋아하는 일을 하자 … 40

엄마 말은 잘 듣는 게 좋아요?

엄마는 보통 옳지 않니? … 42
엄마가 옳다는 착각을 하고 있지는 않은지? … 43
나만의 길을 가자 … 44
[마무리] 충고로 가득한 세상 … 45

어떻게 해야 서로 잘 통할 수 있을까요?

말하기 전에 먼저 생각해 봐 … 47
너에게 말을 거는 두 가지 이유 … 48
자기에게 맞는 장소와 사람을 찾자 … 49
[마무리] 의사소통은 혼자 할 수 없어 … 50

어떻게 해야 집중할 수 있어요?

좋아하는 일을 하면 집중할 수 있어 … 52
환경을 바꿔 보자 … 53
아이들은 원래 집중이랑 거리가 먼 존재 … 54
[마무리] 정말 집중하고 싶은 건 뭐야? … 55

왜 어린이는 화장하면 안 돼요?

어른도 별로 하고 싶지 않을걸 … 57
어른처럼 다뤄질 수도 있어서 그래 … 58
우선 화장을 배우고 나서 하는 건? … 59
[마무리] 화장에는 다양한 메시지가 숨어 있다 … 60

여자다워지려면 어떻게 해야 해요?

그 의미가 객관적으로 정의되어 있지 않아 … 62
여자다움이란 건 누가 정하는 거야? … 63
멋진 사람은 어떤 사람일까? … 64
[마무리] 틀에 얽매이지 말고 멋지게 살자 … 65

수상한 사람은 어떻게 알아 볼 수 있어요?

겉모습만으로는 알 수 없어 … 66

온 힘을 다해 도망치자 … 67
책임은 어른에게 있어 … 68
[마무리] 절실한 문제와 어떻게 마주할 것인가 … 69

 ## 제2장 평범하다는 게 뭘까?

왜 꿈을 가져야 해요?
사랑처럼 꿈도 논리로는 설명할 수 없어 … 76
현실 세계를 지탱하는 힘이 아닐까? … 77
상식을 바꾸는 것이 꿈의 힘이기도 해 … 77
[마무리] 아이들이 꿈을 갖길 바라는 이유 … 79

절대적인 것은 있어요? 절대란 게 뭐예요?
절대적인 사건은 존재하지 않아 … 80
절대적인 사실은 '조금만' 존재해 … 81
'절대'가 있다는 믿음 … 82
[마무리] 절대로 옳은 답을 찾을 수 있을까? … 83

평범하다는 게 뭐예요?
평범한 건 재미없잖아 … 85

왜 평범하게 행동하라고 할까? … 86
평범하지 않아도 괜찮아 … 87
[마무리] 그 단어로 무슨 말을 하고 싶은 걸까? … 88

왜 모든 것에는 이름이 있을까요?

이름이란 무엇일까? … 90
이름이 없는 것도 있어 … 91
이름은 붙여 나가는 것이지 … 92
[마무리] 이름은 스스로 결정하는 것일까? … 93

물고기는 무슨 생각을 해요?

사람이랑 비슷하지 않을까? … 95
생각한다는 것은 어떤 행위일까? … 96
생각은 우리가 읽어 나가는 것 … 97
[마무리] 생각을 알고 싶으면 먼저 다가가자 … 98

어른과 어린이의 마음은 다를까요?

마음과 나이는 아무 관계가 없어 … 100
사회가 아이 마음 그대로 있기를 바라고 있어 … 101
어른은 마음에 여유가 있어 … 102
[마무리] 아이는 생각이 더 자유로울 수 있어 … 103

정직한 사람은 손해를 볼까요?

정직함과 성실함의 차이 … 105
정직한 사람은 따지고 계산하지 않아 … 106
진정한 손해는? … 107
[마무리] 속임수 없는 세상을 만들기 위해서는 … 107

어떤 게 행복일까요?

행복은 일상 속에 있어 … 110
무엇을 소중히 여기며 살아갈 것인가? … 111
다른 사람과 비교할 수 없어 … 112
[마무리] 행복에는 여러 종류가 있어 … 113

나이를 먹으면 왜 노망이 날까요?

'알 수 없게 된다'는 것 … 114
자기 자신을 잃어버릴지도 모른다는 두려움 … 115
어쩌면 망각은 멋진 일일지도 … 115
[마무리] 망각에 대한 두려움은 기억에 관한 물음으로 이어진다 … 116

왜 생각하고 싶지 않은 것들이 자꾸 생각날까요?

기분전환을 해 보자 … 118
자신을 괴롭히지 마 … 119

조절할 수 없는 일 … 120
[마무리] 생각한다는 것은 무엇일까? … 121

왜 사람이 사람을 죽일까요?

그게 직업이라 어쩔 수 없이 죽이기도 해 … 122
죽이는 무서움을 뛰어넘는 뭔가가 있겠지 … 123
저마다 자기 나름대로는 이유가 있을 수도 … 124
[마무리] 누구나 가지고 있는 가능성 중 하나 … 125

 제3장 이 세계 밖으로

사람은 왜 사나요?

사는 것 자체가 목적 … 132
행복해지기 위해 … 133
살아온 결과에 행복이 있어 … 134
[마무리] 어떻게 살고 싶은가? … 135

'무'는 어떤 공간이에요?

아무것도 '없다'가 '있다' … 137

언어로만 '있을' 뿐 … 138

'없음'이 '있는' 것은 한순간 … 139

[마무리] 세계의 끝은 '없다?' … 140

지구가 소멸할 수도 있어요?

우주에도 끝은 있다 … 142

소멸하는 이유는 무엇일까? … 143

지구가 없어져도 질문은 계속된다 … 144

[마무리] 먼 미래의 이야기지만 … 144

귀신은 정말 있나요?

있다고 생각하는 이유를 찾아보자 … 146

이야기로서 즐기자 … 147

진짜가 아니어도 의미가 있어 … 148

[마무리] 사람이 이야기를 생각해 내는 이유 … 149

인간은 왜 존재할까요?

최초의 인간 … 150

인간은 집단으로 진화했어 … 151

'인간'의 이야기와 '너'의 이야기는 별개야 … 152

[마무리] 자신이 태어난 이유 … 153

꿈과 현실의 경계선은 무엇인가요?

현실에서 기억한 것이 꿈 … 155

눈을 떴을 때 꿈은 꿈이 된다 … 156

모든 것이 꿈일 가능성 … 156

[마무리] 꿈과 현실을 구분할 방법이 있을까? … 158

인간은 왜 남자와 여자로 나뉘어 있는 걸까요?

자손을 남기기 위해 … 160

옛날에는 역할이나 행동방식으로 구분했어 … 161

둘로 나뉜 것은 우연이야 … 162

[마무리] 남성과 여성 두 종류만 있는 게 아니야 … 163

마음은 어디에 있어요?

우주에 퍼져 있어 … 165

마음은 존재하지 않아 … 166

마음은 뇌에 있어 … 166

[마무리] 마음은 무엇일까? … 168

인간은 어떻게 언어로 말할 수 있게 된 걸까요?

신호가 발전한 것 … 170

복잡한 표현이 가능해지도록 … 171

언어와 생각, 어느 쪽이 먼저일까? … 172

[마무리] 언어는 왜 있는 걸까? … 173

병은 왜 걸리나요?

우연히 일어나는 일 … 175

언젠가는 필연적으로 반드시 일어나는 일 … 176

회복의 기쁨을 맛보기 위해서일지도 … 176

[마무리] 납득할 수 없는 일을 안고 살아가기 … 177

사람은 죽으면 어떻게 되는 걸까요?

마음은 어디로 가는가? … 179

산 사람과 죽은 사람의 만남 … 180

다른 사람의 머릿속에서 계속 살아가 … 180

[마무리] 죽음에 대해 생각하면 일상을 보는 눈도 달라져 … 181

추천의 말 … 186

옮기고 나서 … 188

이 책을 손에 든 너에게

 넌 어떻게 생각해?
 어렸을 때 난 어른은 뭐든 알고 있다고 생각했어. 그리고 책에는 내가 알고 싶어 하는 모든 것이 씌어 있다고 생각했어. 그래서 책을 읽으면 뭐든 알게 된다고 믿었지.
 나는 우주에 관심이 많았어. 빛에도 속도라는 게 있는데, 무려 초속 약 3만 킬로미터래. 어마어마하게 빠르지? 그런데도 빛이 한순간에 도착하는 건 아니야. 밤하늘에 떠 있는 별빛도 몇 년, 몇십 년, 별에 따라서 몇백 년이라는 시간이 지나야 지구에 도착한대.
 이 사실을 책에서 읽으면서 난 생각했어. '왜 빛의 속도는 초속 3만 킬로미터일까? 왜 200만 킬로미터나 100만 킬로미터는 아닐까?' 아무리 책을 읽어도 이 물음에 대한 답은 그 어디에도 나와 있지 않았어. 그래서 아빠한테 물어봤더니, "우주는 원래 그렇게 생겼어. 그냥 그렇게 생긴 거니까 빛도 초속 3만 킬로미터인 거야. '이유'는 없어."라고 하시는 거야. "그건 과학적인 문제가 아니라 철학적인 문제로군."이라고도 하셨고.
 내가 '철학'이란 말을 제대로 들은 건 그때가 처음이었는데, 그렇지만 '원래 그렇다.'고 하는 아빠의 대답은 답이 될 수 없다고 생각했지. 그때 난 아무리 어른이고 선생님이라도 대답하기 어려운 문제가 있다는 것을 알았어. 답을 아는 사람이 아직 없어서 누군가에게 배울 수 없는 거지. 그러니 스스로 생각할 수밖에. 혼자 생각해서 모르겠으면 모두 함께 생각해 보는 거야. 저래서 그런 걸까? 그래서 이런 걸까? 함께 이야기하면서 말이야. 아직 알 수 없는 문제를 생각할 때는 어른이나 아이, 선생님이나 학생 등 관계없이 모두 함께 생각해 봐야 해. 세상에는 그런 문제가 아주 많거든.

사람은 왜 태어날까? 행복이 뭘까? 사람이 죽으면 어떻게 될까? 마음은 어디에 있을까? 물고기는 무슨 생각을 할까? 공부는 왜 해야 할까? 어린이는 왜 화장을 하면 안 될까? 지구가 사라질 수도 있을까?

아무리 교과서를 보아도 이런 문제에 대해선 나와 있지 않아. 왜냐면 아무도 정답을 모르니까. 그렇기 때문에 '이러이러합니다.'라고 교과서에 쓸 수 없는 거지. 모두 한 번쯤은 생각해 봤을 텐데 이해할 때까지 파고든 사람이 없어서 그래. 만들다 만 모형처럼 도중에 생각하길 멈춘 문제들을 그냥 내팽개쳐 두었기 때문이야.

이 책에는 다들 궁금하지만 아무도 가르쳐 주지 않는 문제가 모여 있어. 모아 놓고 보니 모두 '철학'이라는 분야에 속해 있지.

사람들이 궁금해하는 문제에 대해 우리 네 명(쓰치야, 무라세, 고도 선생님 그리고 나)이 머리를 감싸고 생각했어. 그런데 같은 문제라도 네 명 모두 대답이 달라. 너는 이 네 가지 답을 듣고 고개를 갸웃거리거나 오히려 더 답답한 기분이 들지도 몰라.

만약 그렇다면 다른 사람들과 함께 생각해 보렴. 엄마나 아빠, 할머니나 할아버지, 또는 선생님, 혹은 언니 오빠랑 이야기해 보는 거야. 좀 쑥스러울지 모르지만 친구하고도 이런 얘길 나눠 봐.

분명 혼자서는 생각지도 못한 의견을 들을 수 있을 거야. 자기도 모르게 고개가 끄덕여지는 생각을 만날 수도 있어. 그렇게 정답이 없는 문제에 대해 모두 함께 주스나 차를 마시며 천천히 생각하는 것, 그게 바로 철학이야.
 철학을 시작하게 되면 사소한 것들은 하늘 높이 날려 버릴 수 있어. 자유를 얻는 거지.
 자, 가벼운 마음으로 느긋하게 시작해 보자고.

 어서 오세요. 어린이 철학 카페로 여러분을 초대합니다!

고노 데쓰야

> 쓰치야 선생님은 학교는 없어져도 괜찮다고 생각하고 있어. 일이든 일 이외의 것이든 학교에서 배우지 않더라도 사회에서 살아가면서 배울 수 있기 때문이라는데, 진짜 그럴까?
> 학교에 가지 않으면 절대 배울 수 없는 건 없는 걸까?
> 만약 없다면 어째서 학교라는 것이 세상에는 이렇게도 많이 있으며, 많은 아이들이 왜 학교에 다니는 걸까. 또, 어떤 이유가 존재하는 걸까?

1장

지금 네가 있는
세계에서

학교는 왜 있는 거예요?

 **어린이의 직장이라고 할 수 있지**

 이런 질문을 하는 걸 보니 학교가 재미없구나! 놀이동산이 왜 있냐고는 묻지 않잖아. 놀이동산은 재미있으니까 그런 의문을 느낄 필요가 없겠지.

 그렇다고 회사나 공장, 논밭이 왜 있냐고도 묻지 않지. 그런 것들은 모두 '직장'이고 일을 하지 않으면 생활할 수 없다는 걸 알고 있으니까.

 나는 학교도 그런 '직장'의 하나라고 생각해. 공장에서도 작업하기 전에는 기계의 구조나 재료 취급법을 공부해. 학교에서 하는 공부도 어떤 일을 시작하기 위한 준비인 거지. 어른이 해야 하는 일은 다양해. 어른은 회사나 공장에서 일하는 것 말고도 선거 때 투표를 하기도 하고, 사람에 따라선 선거에 나가기도 해. 구청에서 무언가를 신청할 때도 있고, 배심원이 되어 재판에서 판결을 내리기도 해. 그런 여러 가지 일의 첫 단계를 학교에서 해 보는 셈이지. 학교에서 하는 것을 '공부'라고 하지 않고 '일'이라고 하면 좀 이해하기 편할까.

 그런데 말이야, 학교에서는 어른이 되면 절대 하지 않을 일을 하기도 해. 그건 좀 쓸데없는 짓이란 생각이 들기도 해. 만약 어딘가 쓸 데가 있다면, 어른이 되었을 때 어떤 식으로 도움이 되는지

미리 알려주면 좋겠다는 생각이 들어.

집과 다른 특별한 곳이야

나는 학교는 '직장'하고는 상당히 다르다고 생각해. 직장이나 집에는 없는 게 학교에는 많이 있으니까.

학교에는 도서관이 있고 그 안에는 책이 많이 있어. 그렇게 많은 책을 혼자 모으려면 보통 일이 아니겠지. 다양한 악기가 있는 음악실도 있어. 초등학생 때 심벌즈를 연주한 적이 있는데 아마 심벌즈가 있는 집은 별로 없을 거야. 수영장이나 양호실도 그렇고, 공작실이나 과학실도 마찬가지야. 난 이 모든 걸 학교에서 처음 보고 사용하는 법을 배웠어. 심벌즈처럼 말이야.

철학책을 처음 읽은 곳도 학교 도서관이었어. 학교에서 만나서 친해진 친구도 많아. 공부나 운동도 친구한테 배워서 할 수 있게 된 것이 많지. 그러니까 학교란 곳은 평소에는 접할 수 없는 물건이나 사람을 만나서 자세히 알아갈 기회를 주는 장소가 아닐까? 일에 필요한 건 일을 시작한 다음에 배워도 되잖아.

응? 친구들끼리 서로 알려 주거나 배우지 않는다고? 책도 집에 많이 있다고?

만약 학교에서만 할 수 있는 게 너에겐 정말 의미가 없거나 선생님이 학교에서만 할 수 있는 걸 수업에서 가르쳐 주지 않는다면,

학교는 너에게 필요 없는 거야. 그렇다면 갈 필요도 없지. 학교가 다른 어느 곳에도 없는 '특별한 장소'라는 걸 난 어른이 된 후에 알았어. 물론 특별하다고 해서 꼭 중요하다고는 할 수 없지만.

 **사회의 축소 모형 아닐까?**

분명 학교에는 학교에만 있는 것들이 많아. 그러나 전문가가 일할 때 사용하는 '진짜' 도구나 설비 같은 것들은 학교에 거의 없어.

과학실 실험 도구는 과학자가 연구실에서 쓰는 것만큼 제대로 된 게 아니고, 가사 실습실에 있는 조리 설비는 레스토랑 주방에는 비할 게 못 되지. 영어 선생님도 보통은 원어민이 아니고, 학생회 활동도 국회나 선거 흉내 내기 같은 거고. 이렇게 보면 학교에서 '소꿉놀이'를 하는 것 같지 않아?

어쩌면 학교는 일을 흉내 내는 '소꿉놀이'를 하기 위한 장소일지도 몰라. 백화점 식품관의 시식 코너처럼 다양한 일을 이것저것 많이 '시식'해 보고 어떤 게 자기에게 맞는지 찾아 보는 장소랄까. 그렇게 생각하면 학교는 우리 사회를 축소해 놓은 모형이라고 할 수 있어.

반대로 사회 전체를 학교로 만들자는 아이디어는 어때? 예를 들어, 실과에서 요리 공부를 할 때는 진짜로 레스토랑을 찾아가서 요리사와 함께 일하며 공부하고, 사회에서 지도를 배울 때는 동네를 잘 아는 할아버지와 함께 한 바퀴 돌면서 이야기를 들어보고, 우리가 늘 함께하는 책을 더 자세히 알기 위해 출판사나 인쇄소를 방문해서 몸으로 배운다든가 하는 거지.

학교라는 특별한 장소에서 '소꿉놀이'를 통해 배우는 게 아니라 가능한 한 사회에서 실제로 일하며 배우자는 거지. 매일 다른 장소에서 다양한 사람들에게 배울 수 있으니까 질리지도 않고 훨씬 재미있지 않을까?

 [마무리] 왜 날마다 학교에 가는 걸까?

처음 학교에 갔을 때도 자기가 먼저 가겠다고 하지 않았고, 지금부터 가겠다고 스스로 결정하지도 않았어.

일곱 살쯤 되면 어른들이 '학교에 가는 거다.' '너도 이제 곧 1학년이네.' 하고 말하기 시작하고, 학교에 가고 싶지 않아도 가야만 해. 학교에 가는 게 즐겁더라도 가끔은 '왜 날마다 학교에 가는 걸까?' 하는 생각이 들 거야.

한 선생님은 학교가 직장의 첫 단계이자 일하기 위한 준비를 하는 곳이라고 했어. 어른들이 직장에서 일하는 것처럼 아이들도 학교에서 공부해야 한다는 말이지.

다른 선생님은 학교가 일과 관계없이 다양한 체험을 할 수 있는 장소라고 해.

아무래도 '학교'에 대해 생각할 때는 어른들의 '일'과 어떤 관계가 있는지 생각해 보는 게 핵심인 것 같아. 너희는 어떻게 생각하니?

쓰치야 선생님은 두 선생님 중 누가 옳다 하더라도 학교는 없어져도 괜찮다고 생각하고 있어. 일이든 일 이외의 것이든 학교에서 배우지 않더라도 사회에서 살아가면서 배울 수 있기 때문이라는데, 진짜 그럴까?

학교에 가지 않으면 절대 배울 수 없는 건 없는 걸까?

만약 없다면 어째서 학교라는 것이 세상에는 이렇게도 많이 있으며, 많은 아이들이 왜 학교에 다니는 걸까. 또 어떤 이유가 존재하는 걸까?

친구는 많이 만들어야 해요?

 **무리해서 만들지 않아도 돼**

친구들과 얕지만 넓게 만나는 게 좋을까, 많지는 않더라도 속 깊은 이야기를 나누는 진정한 친구가 있는 게 좋을까?

그런데 말이야, 친구라는 게 만들고 싶다고 해서 만들어지는 걸까? 아니잖아. 그냥 마음이 맞으면 계속 어울리고, 싸우고 났을 땐 좀 거리를 두어도 돼. 마음이 맞지 않으면 억지로 어울리지 않아도 좋아. 하물며 싫어하는 사람이랑 왜 친구가 되어야 해?

'이 사람은 진정한 친구일까?' 같은 생각도 하지 마. 혹시 그런 생각으로 사람을 구분하면서 놀고 있니? 그게 오히려 사람을 차별하는 셈이 될 것 같아.

난 초등학생 때나 중학생 때 알게 된 친구하고는 이제 거의 만나지 않아. 어른이 된 후에도 십 년 이상 사귄 사람은 별로 없어. 그래도 외롭지 않아. 그때그때 믿을 수 있는 사람이 있으면 충분하다고 생각해. 나와 사이가 좋은지가 문제가 아니라 그 사람이 성실하고 믿을 수 있는지가 더 중요하거든.

한 가지 더 말하자면, 친구는 억지로 만드는 게 아니야. 언제까지나 함께 있을 수 있는 친구는 없어. 어차피 타인이잖아. 가족도 마찬가지야. 그러니까 친구나 가족이 없더라도 외롭지 않게 자신을 단련해 두는 건 어때? 고독을 견딜 수 있게 말이야.

 **친구에도 여러 종류가 있지**

'친구'를 주제로 학교 수업에서 철학 대화를 나눈 적이 있어. 그때 '친구에는 진정한 친구, 반 친구나 동아리 친구 두 종류가 있다.' '절친이랑 그냥 친구는 다르다.' 같은 의견이 많았어. 모두 '친구'라는 말을 사용하지만, 이 두 종류는 상당히 다르지.

반 친구는 어떤 느낌이야? 중학생이나 고등학생은 하루 대부분을 학교에서 보내고, 학교에 있는 동안 반 단위의 집단생활을 해야 해. 싫어도 날마다 얼굴을 마주치는 게 반 친구이고, 그런 상황에서 서로 협력하기 위해 인간관계를 맺어 가야 하는 거지.

숨 막히는 일이라 학급 제도는 바뀌는 게 옳다고 생각해. 그건 좀 다른 얘기니까 지금은 그만두고, 어쨌든 마음이 맞는 사람과 함께 지내면 반에서 보내는 시간이 조금이나마 덜 괴롭잖아. 반 친구는 딱 그 정도가 아닐까?

어른들이 '동료'라고 부르는 관계처럼 반 친구는 진정한 의미의 친구가 아닌 거야. 나는 중학생 때까지는 학급 생활에 필요한 '반 친구'를 몇 명 만들었어. 더 대화하고 싶고 더 놀고 싶은 마음이 들어 적극적으로 친구를 사귄 것은 고등학교에 들어가고 나서였어. 즉 '진정한 친구'가 처음 생긴 건 고등학생 때지.

친구를 많이 만드는 것이 좋은지 나쁜지는 어떤 종류의 친구가 필요한가, 왜 지금 필요한가에 따라 바뀌는 게 아닐까?

 **대화가 통하는 소수의 친구**

나는 친구가 '어느 정도는' 있는 게 좋다고 봐. 나에겐 만난 지 십 년이 넘어가는 친구가 몇 명 있는데, 그 사람들과 지금도 마음이 맞느냐고 묻는다면 그렇다고 대답할 자신은 없어.

물론 예전에는 학교가 같거나 취미가 맞았으니까 공통의 화제도 많았어. 지금은 모두 어른이 돼서 저마다 자기 일을 하며 여기저기에 흩어져 살고 있어서 공통의 화제는 별로 없어. 가끔 만나서 얘기하면, 평소에는 맛볼 수 없는 분위기다 보니 대화도 즐겁고 도움이 될 때도 있지. 시야가 넓어진다고 할까?

고노 선생님이 말한 '성실하고 신용할 수 있는 사람'과 좀 비슷해. 친구끼리 의견이 달라도 제대로 대화가 통하는 게 중요하다고 생각해. 그런 친구가 한 명도 없으면 외롭겠지. 그렇다고 많을 필요는 없어. 제대로 대화할 수 있는 상대, 즉 편안하게 생각을 말하고 그걸 성실하게 들어주는 사람이 어느 정도 있으면 충분한 거야.

그런데 이러한 관계를 맺는 일은 쉽지 않아서 노력해서 만들지 않으면 안 되고, 꾸준하게 관계를 이어나가지 않으면 깨질 수도 있어. 사실 친구뿐 아니라 가족이나 연인 관계도 마찬가지야.

 **[마무리] 애초에 친구란 무엇일까?**

'친구'는 자주 쓰는 말이지만 세 사람의 이야기를 듣고 났더니 애초에 친구가 어떤 사람을 가리키는 말인지 잘 모르게 되었어.

앞서 말한 선생님 말처럼 친구의 종류도 한 가지가 아닐지도 몰라. 나만 해도 친구들과 나와의 관계는 저마다 다른 느낌이 들거든.

친구를 '만든다'는 말도 생각해 보면 좀 이상하지 않아? 고노 선생님이 했던 말처럼 친구는 노력해서 '만드는' 건 아니라고 봐.

세 사람은 각자 다른 이야기를 하는 것처럼 들려도 모두 '주위 사람들과 어떻게 관계 맺어 가야 하는가?'에 대해 말하고 있어. 어떤 사람이 나와 친구라고 할 수 있는가, 친구라고 부를 수 있는 사람이 많은가 적은가, 하는 것보다 내 주위에 있는 다양한 사람들과 어떻게 지내야 하는지가 중요해.

한 선생님은 서로 믿을 수 있는 관계를 쌓는 게 중요하다고 하고, 다른 선생님은 의견이 달라도 '편안하게' 대화할 수 있는 관계를 쌓는 게 중요하다고 말했어. 또 다른 선생님은 매일 기분 좋게 생활하기 위해 함께 지내는 사람들과 좋은 관계를 유지할 필요가 있다고도 했지. 모두 맞는 말이야.

어쩌면 '친구'는 혼자 아무리 생각해도 답이 나오지 않는 문제인지도 몰라. 고노 선생님은 '어차피 다른 사람'이라고 말하기도 했고 말이야. 그 말을 들으니 내가 아닌 다른 사람과 진실로 서로를 이해할 수 있는 건지 다시 생각해 보게 되네.

　너는 주위 사람들과 어떻게 지내고 싶어?

　'친구' '절친' '친한 사이' 같은 단어가 아닌 다른 단어를 한번 생각해 봐.

공부는 왜 해야 하나요?

 **세계가 넓어지고 자유로워지니까**

여기서 '공부'는 분명 학교에서 배우는 것들을 가리키는 거겠지? 난 '꼭 해야 하는 것' 즉 '의무'는 아니라고 생각해. 쉬고 싶을 때도 있고 다른 일에 흥미를 느끼는 때도 있을 거야. 그럴 때는 그 일에 최선을 다하면 돼. 살아가기 위해서는 최선을 다해 쉬어야 할 때도 있거든.

그렇다고는 해도 공부는 하는 게 '이득'이야. 학교에서 배운 것을 전부 기억할 필요는 없지만 '이런 일도 있네.' '세상은 이렇게 다양하구나.' 같은 건 잊지 않는 게 좋아.

미국이라는 나라를 모르면 미국에 가고 싶어도 갈 수 없잖아. 이처럼 많은 것을 배워서 생각의 폭을 넓히면 선택지도 늘어나. 바꿔 말하면 '가능성'이 커지는 거지. 공부를 할수록 네 가능성은 커지고, 넌 점점 더 자유로워지겠지. 이렇게 간단히 자유를 얻을 수 있다면 역시 공부를 하는 게 이득이잖아! 그렇지 않니?

하지만 학교에서 배우는 것 중에는 생각의 폭을 넓혀주기는커녕 오히려 그 반대일 때도 있지. 그런 시간은 적당히 받아들여도 괜찮지 않을까.

 ## 자신과 사회에 필요한 공부인지 생각해 봐

난 철학 대화 수업에서 학생들과 '왜 공부를 해야 할까?'에 대해 자주 토론해. 그때마다 난 학생들에게 '어떤 공부가 왜 필요한가?' '어떤 공부가 왜 불필요한가?'를 하나씩 하나씩 꼼꼼히 생각해 보라고 하지. 중요한 것은 자기가 그 공부를 좋아하는지 싫어하는지 그리고 그 공부가 자신이나 사회에 필요한지, 그것을 생각해 보는 거야.

예를 들어 맞춤법이나 띄어쓰기, 어려운 낱말을 아는 일은 확실히 지루하고 재미없을지 몰라. 그렇지만 최소한 자기 나라 말을 정확히 읽고 표현할 줄 알아야 하지 않을까. 그래야 책이나 신문을 읽는 일도 수월하고, 자기 생각을 표현하는 데 유치한 단어로 가득한 뒤죽박죽 문장을 쓰게 되지는 않을 테니까.

그러면 원이나 사다리꼴 면적을 구하는 문제는 꼭 필요한지 묻고 싶니? 맞아. 실제로 사회에서 원의 면적을 구할 일은 거의 없어. 그러니 도형의 면적을 구하는 법을 공부할 필요가 없겠지. 하지만 기술자나 과학자가 될 사람들에겐 기본 중의 기본 지식이거든. 그렇다면 역시 학교에서 공부할 필요가 있겠지. 왜냐면 지금 학교에 다니는 아이들이 나중에 어떤 직업을 갖게 될지는 아무도 모르니까. 그러니까 사회로서는 이런 기본 지식을 모든 아이에게 가르칠 필요가 있는 거지. 수학을 엄청 싫어하는 네가 장래에 기술자나 과학자가 될지 누가 알겠어.

공부해야 하는 이유는 생각보다 많이 발견할 수 있을 거야. 스스로 대답을 찾고 나서 시작하는 공부는 엄마나 선생님 잔소리에 떠밀려 하는 공부보다 훨씬 재밌을걸!

 **어떻게 하면 즐겁게 공부할 수 있을까?**

부모님이 늘 공부하라고 말씀하시니? 맨날 그런 얘기를 들으면 지긋지긋하고 싫을 거야.

하지만 어떤 일을 하든 사회에서 살아가기 위해서는 학교에서 배운 지식이 필요할 때가 있어. 그때를 대비해 공부하지 않으면 커서 분명 후회해. 이건 내가 장담할 수 있어!

부모님이나 선생님은 공부가 생활에 어떤 식으로 도움이 되는지, 공부하면 어떤 일을 할 수 있는지, 지식을 쌓아 두면 마음이 얼마나 윤택해지는지 설명해 주지 않으시지. 왜 하는지도 모르면서 억지로 하는 일만큼 재미없는 건 없어. 놀이나 스포츠는 그저 재밌는데 공부는 해도 해도 재미없는 경우가 많아. 공부 중에는 하고 있어도 그 자체로는 별로 재미없는 것도 있어. 나는 한자를 외우는 게 싫었어.

하지만 몰랐던 것을 알고 이해 가지 않는 것을 생각하는 건 정말 즐거운 일이야. 어쩌면 공부하라고 잔소리하는 어른들은 즐겁게 공부하기 위해서 어떻게 해야 하는지 잘 모르는 거 아닐까?

그래서 공부하라는 말만 그냥 되풀이하는 건지도 모르지.

그렇다면 어떻게 해야 공부를 즐겁게 할 수 있을까?

네가 좋아하는 것을 탐구해 봐. 그림을 보는 게 좋다면 그림을 그리고, 야구를 좋아하면 야구를 잘하기 위해 철저히 조사하고 연습하는 거야. 곤충을 좋아하면 곤충에 대해 조사하고 말이야. 잘 생각해 봐. 너도 분명 좋아하는 게 있을걸.

 **[마무리] 어른들은 왜 공부를 시키고 싶어 할까?**

앞에서도 '학교는 왜 있을까?'라는 물음에 대해 생각했지. 학교는 자기가 가고 싶어서 가는 곳이 아니야. 마찬가지로 학교 공부도 자기가 하고 싶어서 시작하지 않았지. '공부를 왜 할까?' 생각하는 건 어쩌면 당연해.

그런데 세 사람 모두 공부하는 이유를 자기 자신 안에서 발견할 수 있을 거라고 하네? 한 선생님은 생각의 폭을 넓혀서 자유로워지기 위해서라고 했고, 다른 선생님은 앞으로의 생활이나 직업에 필요하니까 공부한다고 했어. 그리고 또 다른 선생님은 공부하는 것 자체가 즐겁다고 했지. 그러니까 무라세 선생님과 쓰치야 선생님은 미래의 나를 위해, 고노 선생님은 지금의 나를 위해 공부한다는 말이지. 좀 차이는 있지만, 세 사람 모두 자기 자신을 위해 공부한다고 하는 건 같아.

자신을 위해 공부한다는 말이 쉽게 이해가 안 되려나.

어쩌면 어른들이 아이들에게 '공부해라.' 하고 말하는 이유와 사람이 공부해야 하는 진짜 이유는 다를 수 있어.

어른들이 공부하라고 몰아붙일 때는 '왜 이렇게 나에게 공부를 시키고 싶어 하지?' 하고, 그 이유가 뭔지를 먼저 생각해 봐.

그리고 나서 어른들이 너에게 공부를 시키고 싶어 하는 이유 말고 네가 왜 공부를 해야 하는지 진짜 이유를 너 스스로 한번 찾아보는 건 어떨까?

머리가 좋은 사람은 어떤 사람인가요?

 **두뇌 회전이 빠른 사람일까?**

이 물음은 철학 대화 수업에서 특히 인기 있었어. 그런데 의외로 '공부를 잘하는 사람' '성적이 좋은 사람' 같은 의견은 별로 안 나왔지.

대신 '요령이 좋은 사람' '상황 판단이 정확한 사람' '임기응변이 뛰어난 사람'이라는 의견이 많았어. 즉, 지식의 유무가 아니라 현재 상황을 냉정하게 분석하고 적절히 판단할 수 있는 사람이 머리가 좋다고 학생들은 생각하고 있었어. 확실히 그런 사람은 머리 회전도 빠르고 공부도 효율적으로 할 테니까 분명 성적도 좋을 거야.

그러나 머리가 좋다는 게 그런 능력을 가리킨다면 굳이 학교에 다닐 필요가 있을까? 학교에서 공부하는 것보다 차라리 동아리 활동이나 봉사활동을 하는 게 낫겠지. 그렇게 사회와 관계를 맺는 편이 분석력이나 판단력을 기르는 데 더 도움이 될 테니까 말이야.

이런 식으로 생각하다 보면 일류 운동선수나 인기 연예인들은 머리가 좋다는 이야기가 되네. 자신이 지금 놓여 있는 상황을 신속히 분석하고 그 자리에 알맞은 판단을 즉시 내리지 못했다면 그 세계에서 살아남지 못했을 테니까.

그렇다면 이렇게 한번 뒤집어 생각해 보자. 인기 연예인이 학창 시절에 성적이 나빴다고 치자. 그러나 그때 죽어라 공부했다면 좋은 성적을 받을 수 있었을까? 또, 세계적 축구 선수가 학창 시절 축구를 접하지 못하고 공부에 눈을 떴다면, 자기에게 있는 천부적인 분석력과 판단력을 살려서 좋은 대학에 들어갈 수 있었을까?

자신의 무지를 자각한 사람일까?

내 생각엔 머리가 좋은 사람은 '겸허한 사람'이야. 쓰치야 선생님 말대로 현재 상황을 냉정하게 분석하고 적절한 판단을 내릴 수 있는 사람이나 다양한 지식을 가진 사람도 머리가 좋은 사람 같긴 해. 그렇다고 자기가 무언가를 할 수 있다고 자랑하며 남을 무시하는 사람은 머리가 좋은 건 아니란 생각도 들어.

오히려 현재 상태에 만족하지 않고 계속 무언가 하려는 사람이 머리가 좋은 거 아닐까? 어떤 사람은 '겸허함'을 '자신이 모른다는 것을 아는 것'이라고 했는데, 그런 것 같아. 판단력이나 지식이 있는 사람은 무언가를 아주 '잘할 수 있는' 사람으로 보이긴 해. 하지만 오히려 자신이 얼마나 '잘할 수 없고', 어떤 면이 '부족한지'를 잘 아는 사람이야말로 진정한 의미에서 머리가 좋은 사람이 아닐까?

 **좋은 뇌를 가지고 있는 사람일까?**

애초에 '머리가 좋다.'라는 말이 이상해. 너무 여러 가지 문제를 한데 뭉뚱그려 놓은 거 같거든.

예를 들어 요리를 잘하는 사람이나 바느질을 잘하는 사람, 피아노를 멋지게 연주하는 사람 등, 재주가 뛰어난 많은 사람을 전부 한데 묶어서 '손이 좋다.'라고는 하지 않잖아. 달리기가 빠른 사람과 스케이트를 잘 타는 사람을 묶어서 '발이 좋다.'라고도 하지 않지. '마음이 좋다.'라는 말도 거의 안 써. 상냥하다, 혹은 성실하다 같이 말하지.

그런데 왜 '머리가 좋다.'라고 하는 이상한 말이 있는 걸까? 쓰치야 선생님이나 무라세 선생님 말처럼 머리가 좋다는 말을 쓴다면 어떻게 좋은지 제대로 말하는 게 좋지 않을까?

아마도 머리가 좋다는 표현을 쓰고 싶을 때는 머리 속에 있는 뇌를 생각하고 있을 거야.

무언가를 잘하는 사람을 보면 '저런 일을 할 수 있는 건 저 사람이 태어날 때부터 다른 사람보다 좋은 뇌를 가져서 그래.'라고 추측하는 거지. 머리가 좋은 사람은 분명 '좋은 뇌를 가지고 있는 사람'이라는 의미일 거야. 뇌는 다양한 활동에 관여하니까 무엇인가를 잘한다면 뇌가 좋다고 생각하는 거겠지.

그래도 역시 이상해. 왜냐면 그 사람이 대단한 건 뇌 덕분이 아닐지도 모르잖아. 게다가 뇌는 사람이 살아있는 한 계속 움직이거든. 피아노를 잘 치는 사람이든 발이 빠른 사람이든 잘 자는 사람이든 무언가를 잘하는 사람은 모두 '머리가 좋은 사람'이 되는 셈인데, 넌 어떻게 생각해?

 **[마무리] 신경 쓰지 말고 좋아하는 일을 하자**

넌 학교 성적이 좋다고 머리가 좋은 건 아니라고 생각하지?
앞의 세 사람은 머리가 좋은 건 단순히 학교 성적이 좋은 것과는 다르다고 말하고 있어.
쓰치야 선생님은 상황에 따라 판단을 잘 내릴 수 있는 사람이 머리가 좋다고 한 학생들의 의견에 의문을 느끼고 있네. 무라세 선생님은 겸허한 사람이라면 계속 배우고자 하니까 머리가 좋다고 했어. 고도 선생님은 인간에게는 다양한 능력이 있으니까 모두 뭉뚱그려서 머리가 좋다는 말을 쓰는 건 이상하다고 했지. 나는 고도 선생님 의견에 찬성이야. '머리가 좋다.'라는 건 다양한 의미로 쓰는 말이거든.
그 전에, 넌 왜 머리가 좋고 나쁘다는 것을 신경 써? 난 내 머리가 좋은지 나쁜지 하나도 개의치 않아. 자기가 하고 싶은 일에 열중하면 남이 어떻게 생각하든 별로 상관없거든. 인생을 길게 보면 머리가 좋든 나쁘든 별로 의미 없는 것 같아.
칭찬을 듣고 싶어서 공부하는 사람이 있다고 치자. 어쩌면 그 사람은 학교 성적을 잘 받아서 칭찬을 듣고 그걸로 만족하면 그 상태에서 공부를 그만둬 버릴지도 몰라.

학교 공부 말고도 재미있는 공부는 많아. 아무리 공부해도 알 수 없는 것이 끊임없이 나오지. 그래서 탐구하는 보람이 있는 건데, 다른 사람한테 인정받고 공부를 그만둬 버리는 사람을 보면 안타까워.

나는 머리가 좋은지 나쁜지는 생각하지 말고 자기가 좋아하는 걸 찾아서 열중하는 게 좋다고 생각해.

엄마 말은 잘 듣는 게 좋아요?

 **엄마는 보통 옳지 않니?**

이 질문을 하는 걸 보니 평소 넌 엄마 말을 잘 듣는구나. 친구한테서 '너 엄마 말을 너무 잘 듣는 거 아냐?'라는 말을 들었을 수도 있겠고.

어떤 때 엄마 말대로 하는 게 좋다고 생각해? 엄마가 말한 대로 하는 이유를 생각해 볼까?

첫째. 엄마가 하는 말이 옳을 때. 이 대답의 포인트는 '엄마가 말했으니까'가 아니라 '엄마 말이 옳으니까' 그렇게 한다는 점이야. 엄마가 아니라 다른 누구라도 옳은 말을 하면 그 생각에 따라도 좋겠지.

둘째. 엄마는 '보통 옳기' 때문이지. 특히 자기만의 의견이 없을 때 그냥 엄마 말을 따르면 편하지. 잘 모르거나 스스로 판단하기 어려울 때 엄마뿐 아니라 신뢰할 수 있는 어른의 말을 듣는 게 좋을지도 몰라.

셋째. 말을 안 들으면 엄마가 화내거나 슬퍼하니까. 어쩌면 이게 가장 큰 이유일지도 모르겠네. 그러나 이런 이유라면 정말 엄마 말을 듣는 게 좋은지 판단하기 어려운걸. 내 생각엔 그런 이유라면 꼭 들을 필요는 없을 것 같은데.

그렇지만 네가 엄마 말대로 하고 싶지 않은 이유를 제대로 전

해야 해. 자기 생각을 알리고 엄마의 의견도 진지하게 들어 봐. 실제로 자기 생각대로 된다는 보장도 없잖아. 엄마가 그 때문에 화가 나거나 슬플 수도 있겠지만, 네 생각을 분명하게 말한다면 너를 이해해 주실 거야.

엄마 말을 들어야 할까, 말아야 할까? 아무래도 이건 그 이유나 상황에 따라 다르겠지. 엄마 기분 때문이라면 꼭 그대로 따르지는 않아도 될 것 같아.

 **엄마가 옳다는 착각을 하고 있지는 않은지?**

무라세 선생님은 엄마 말대로 해도 좋은 두 번째 이유로 '엄마는 보통 옳으니까.'를 들고 있네. 과연 그럴까? 내 생각은 좀 달라.

맞아, 엄마가 하는 말은 보통 옳아. 그리고 엄마는 신뢰할 수 있는 어른이지. 그렇다면 한번 생각해 보자. 엄마는 애초에 왜 너에게 옳은 것을 전하려 하는지.

가장 큰 이유는 엄마가 널 사랑하기 때문이야. 널 소중하게 생각하고 너의 행복을 진심으로 바라니까 엄마는 너에게 '옳은(적어도 엄마 스스로 '옳다'고 믿고 있는)' 것을 전하고, 네가 잘못된 길로 가지 않게 하려는 거지.

유감스럽게도 모든 엄마가 자식을 위해서 그러는 거라고 딱 잘라 말할 수 없어. 어떤 이유로 엄마가 자식보다 자신의 행복을 먼저 생각할 수도 있어. 그런 경우에는 엄마가 하는 말은 옳지 않을 수도 있지 않을까.

그러니까 엄마 말대로 하면 안 되는 때도 있다는 거야. 나는 무작정 엄마 말을 따르지 말고 너 스스로 판단한 후, 따를지 따르지 말아야 할지 결정해야 한다고 생각해.

 ## 나만의 길을 가자

두 선생님이 하는 말도 이해할 수 있지만 진짜 문제는 다른 곳에 있는 거 아닐까? 두 사람이 말한 것처럼, 자기가 옳다고 판단했을 때는 엄마 말이라도 제대로 따질 것은 따진 후에 따르지 않아도 괜찮아. 이런 질문을 한 너는 무언가를 판단할 때는 이것저것 생각해 본 다음 스스로 결론 내려야 한다는 것도 알고 있을 거야.

엄마 말만 듣는다고 한마디 한 친구는 그런 뜻으로 이야기한 게 아니라 '엄마 말만 듣지 말고 우리와 더 어울리자.'라는 의미로 말한 거 아닐까? 친구들에겐 너의 엄마가 옳은지 그른지는 상관없어. 더 간단히 말하면 '지금은 가족들 말고 우리를 선택해.'라고 말하는 거니까, 너도 그 친구가 좋다면 함께 행동하면 돼.

하지만 싫거나 귀찮다면 '난 지금 너랑 놀고 싶지 않아.'라고 분명히 말하면 돼. 낮고 조용하면서 힘 있는 목소리로 말이야. 그러면 친구는 너에게 억지를 쓰지 못할 거야. 엄마 말만 듣는 것도 이상하지만 언제나 친구 말을 따르는 것도 이상하거든. 부모님과도 친구들과도 적절한 거리를 유지하면서 나만의 길을 가자.

 **[마무리] 충고로 가득한 세상**

내 일인데 혼자서만 결정할 수 없어. 네가 아직 어리다 보니 어른들로부터 '이렇게 해라.' '그런 일은 하면 안 된다.' 같은 말을 많이 들을 거야.

어른뿐 아니라 형제자매나 동갑내기 친구들도 네가 하는 일에 이런저런 충고를 할 거야. 텔레비전이나 광고, 책을 봐도 음식이나 복장, 공부법, 노는 법에 대해 온갖 충고를 하고 있지. 정말 세상은 온통 충고로 가득해. 대체 누구의 말을 따라야 하는 걸까?

혼자 결정할 수 없는 건 사실 어른도 마찬가지야. 그러니까 어린이인 네가 타인이 하는 말을 따라도 되는지 의문을 갖는 건 아주 바람직한 일이야.

첫 질문은 '엄마' 말대로 해도 되는가였지만 세 사람의 이야기를 듣고 있으니 충고한 사람이 엄마라는 건 그렇게 중요하지 않은 것 같네. 가장 중요한 건 그 충고가 '옳은가, 그른가.'라는 점. 누가 말했든 네가 생각하기에 그 내용이 옳으면 따라도 좋아.

문제는 내용이 옳은지 그른지 스스로는 판단을 내리기 어려울 때지. 그런 때는 누구 말을 들어야 할까? 한 선생님은 이제까지 올바른 말을 자주 해 온 신뢰할 수 있는 사람을 따르면 된다고 했어. 맞아, 그러나 그런 사람도 실수하는 일이 있지 않을까?

다른 선생님은 충고를 하는 사람이 정말 너를 사랑해서, 널 위해 이야기하는 건지 알아내야 한다고 했어. 하지만 또 다른 선생님이 말했듯 친구가 '너희 엄마보다 우리가 널 더 소중하게 생각하니까 우리 말을 듣는 게 좋을걸.'이라고 한다면 어떻게 하지? 누가 나를 제일 생각해 주는지 어떻게 알 수 있지?

게다가 아무리 널 위해 말했다고 해도 잘못된 충고를 할 수도 있고 말이야.

그러니까 널 사랑해 주는 사람 말이라고 반드시 따라야 하는 건 아니야. 그렇다면 어떤 다른 방법이 또 있을지 생각해 보렴.

어떻게 해야 서로 잘 통할 수 있을까요?

 **말하기 전에 먼저 생각해 봐**

이런 질문을 하는 걸 보니 주위 친구들과 이야기할 때 대화가 겉돈다고 느끼는구나. 다른 아이들과 말이 안 통한단 말이지? 그렇다면 넌 분명 머리가 좋을 거야.

무슨 말이냐고?

생각하는 속도가 빨라서 상대가 네 이야기를 따라갈 수 없을 때 너도 상대도 '왠지 말이 잘 안 통하는데.' 하고 느낄 수밖에 없거든.

주위 친구들과 말이 통하지 않는 이유는 여러 가지가 있겠지만, 사고의 속도가 달라서 대화가 어긋나는 경우도 꽤 있어. 저마다 생각하는 속도가 다르니 앞서 나가는 사람은 왜 그때 그게 화제가 되는지 알 수 없지.

두뇌 회전이 빠른 건 좋은 거니까, 여태껏 별 문제가 없었다면 지금 그대로도 괜찮다고 생각해.

하지만 어려움이 좀 있었다면, 말하기 전에 아주 잠깐 멈춰서 하고 싶은 말이 앞의 대화와 '어떻게 이어지는지'를 한번 생각해 봐. '난 잘 이어진다고 생각하는데 정말 그럴까?' '내가 다른 사람이라면 대화가 이어지는 연결고리를 쉽게 찾았을까?' 하는 걸 생각해 보는 거지.

여기에 익숙해지면 대화 속도에 맞춰 이야기할 수 있게 되고, 상대가 알기 쉬운 표현을 고르게 될 테니까 주위 친구들도 너와 편하게 대화할 수 있을 거야. 또, 이렇게 하다 보면 침착하게 천천히 정리하면서 생각하는 습관이 몸에 배게 되니까, 생각하는 게 어떤 건지 그 진짜 의미를 잘 알게 될 수도 있을 거야.

 **너에게 말을 거는 두 가지 이유**

쓰치야 선생님 말처럼 나도 지금 네 방식을 억지로 바꿀 필요는 없다고 생각해. 우선은 상대와 계속 소통하고 싶다는 마음을 소중히 여기자.

상대가 너에게 말을 거는 이유는 크게 두 가지야.

하나는 자기 문제를 이야기하고 해결법을 듣고 싶을 때. 예를 들어, 친구가 "오늘 할아버지 생신이야."라고 했다면, "선물은 뭐가 좋을까?"를 묻고 싶은 거야. 그럴 때는 "종이접기를 드리면 어때?" 하고 네가 생각하는 해결법이나 아이디어를 말하면 돼.

하지만 또 하나의 이유, 앞선 이유와 완전히 다른 경우가 있어.

자기 생각을 그저 들어주길 바랄 때야. 예를 들어, 친구가 "할아버지에게 편지를 써드려야겠다."라고 했다면 너에게 좀 더 좋은 생각을 듣고 싶은 것이 아니라 '괜찮은 생각인데?' '좋을 것 같아.'라고 자기에게 동의해 달라는 거야.

때에 따라서는 함께 해결법을 생각하는 것이 상대방에게 도움이 되겠지. 때로 그냥 이야기를 들어주길 원할 때는 그저 옆에 있어 주길 바라는 것일 수도 있고 말이야.

자기에게 맞는 장소와 사람을 찾자

두 사람 모두 너만의 방식을 억지로 바꿀 필요는 없다는 의견이네. 나도 동의해.

애초에 의사소통 능력이란 건 뭘까? 기술을 말하는 걸까?

어떻게 소통할지는 때와 상황에 따라 달라지지. 얼굴을 마주하고 말할 때가 있는가 하면, 편지나 이메일로 이야기할 때도 있어. 상대가 누군지에 따라서도 달라져. 아이들끼리라면 함께 노는 것이 중요하지만, 어른끼리라면 다른 방식이 있을 거야. 기술이라지만, 야구나 축구처럼 언제나 쓸 수 있는 정해진 기술이 있지는 않아.

생각해 봐. 교실도 사실은 또래 아이들밖에 없는 아주 특수한 장소지. 반에서 문제가 있다고 해서 의사소통 능력이 부족하다고는 할 수 없어. 오히려 나이 많은 사람이나 다양한 배경을 가진 사람과 소통할 수 있는 사람이 더 뛰어난 능력을 갖춘 것일지도 몰라.

그러니까 학교에서 생각만큼 잘 안 되더라도 '나는 의사소통 능력이 떨어지나 봐.' 하고 자신감을 잃을 필요는 없다는 말이야.

서로 소통하는 데 정해진 방식은 없다고 생각해. 애써서 억지로 노력할 필요는 없어. 언젠가 네가 즐겁게 소통할 수 있는 장소와 상대를 찾을 수 있을 테니까. 만약 그런 곳을 발견할 수 없다면 스스로 만들면 되고.

 **[마무리] 의사소통은 혼자 할 수 없어**

'의사소통'은 주위 사람들과 의견이나 생각을 주고받는 것을 뜻하는데, 생각만큼 쉽지는 않아. 제대로 이야기할 수 있는 경우에는 즐겁지만, 하고 싶은 말을 잘 전달하지 못해 점점 더 어떻게 해야 할지 알 수 없을 때도 있고, 간혹 싸움으로 번지는 일이 생길지도 몰라. 이 질문을 떠올린 너는 주위 사람들과 말이 통하지 않는다는 생각에 고민하는 거니?

애초에 '말이 통한다.'라는 건 어떤 뜻일까? 한 선생님은 이제까지의 이야기와 자기가 앞으로 하려는 이야기가 어떻게 연결되어 있는지 찬찬히 확인하며 이야기하는 게 좋다고 했어. '말이 통한다.'라는 표현은 이처럼 대화가 잘 이어지는 걸 뜻해. 그렇다면 대화가 잘 이어진다는 것은 구체적으로 어떤 걸까?

다른 선생님 말에 따르면 비슷해 보이는 이야기라도 상대가 해결법을 듣고 싶을 때가 있는가 하면, 단순히 이야기를 들어주길 바라는 때도 있다고 해. 말이 통한다는 건 상대가 원하는 것을 잘 알아차려서 그에 맞춰 응답해 주는 거라고도 할 수 있겠다.

그렇다면 상대가 원하는 것을 어떻게 알아차릴 수 있을까?

무라세 선생님 말처럼 언제든 누구에게든 사용할 수 있는 의사소통 기술은 존재하지 않아. 그렇기 때문에 대화 상대에게 억지로 맞추지 말고 말이 통하는 사람을 찾는 게 좋아. 의사소통은 혼자서 하는 게 아니라 다른 사람과 함께 하는 거잖아. 의사소통이 잘 안 되더라도 어느 한쪽만 잘못된 게 아니니까.

그래, 세 사람 말처럼 네가 억지로 바꿀 필요는 없어. 말이 잘 안 통하는 것 같아도 그 사람과 대화하고 싶다면 '우리는 이상하게 이야기를 할 때마다 겉도는데 왜 그러는 것 같아?' 하고 상대방에게 솔직하게 물어봐. 함께 생각하면 서로 잘 소통할 방법을 좀 더 쉽게 찾을지도 모르잖아.

어떻게 해야 집중할 수 있어요?

 ### 좋아하는 일을 하면 집중할 수 있어

어른이 아무리 집중하라고 잔소리를 해도 좀처럼 집중하기 어렵다는 말이구나. 어떻게 하면 집중할 수 있냐고? 공부? 아니면 다른 예체능?

뭐가 됐든 좋아하는 일은 아니겠지. 재미있는 일도 아닐 테고. 좋아하지도 않고 재미도 없으니까 집중할 수 없는 게 당연하지.

난 대학에서 철학 연구를 하고 있는데 재미있는 연구는 몇 시간을 해도 질리지 않아. 밥 먹는 것도 까먹고 집중하기도 해. 하지만 재미없는 건 고작 30분만 해도 지루하고 고통스러워. 재미없는 일에 집중할 수 없는 건 어른도 마찬가지야.

일정 시간 집중력을 높여 주는 방법이 있을지도 몰라. 그러나 그런 방법으로 잠깐동안 집중할 수 있다 해도 길게 보면 문제가 해결된 건 아니지. 만약 네가 공부에 집중하고 싶다면 그 공부가 아주 재미있어야 하겠지. 너 스스로 공부를 즐겨야 한다는 거야. 공부가 재미없는 이유는 왜 공부를 해야 하는지, 자기에게 무슨 도움이 되는지, 세상에 나갔을 때 어떤 식으로 도움이 되는지 알 수 없기 때문이 아닐까. 그럴 때는 어른에게 물어 봐. "왜 이걸 해야 돼요?" "이 공부는 나중에 어떤 도움이 돼요?" 하고 말이지.

환경을 바꿔 보자

고노 선생님 말대로 재미있다고 느끼면 자연히 집중할 수 있어. 하지만 주변에 더 재미있는 게 많다면 어떨까?

집중하기 위한 비결이 한 가지 더 있어. 아무리 공부가 좋아져도 텔레비전 앞에서, 게다가 자기가 좋아하는 방송 시간에 공부하려고 하면 집중하기 어렵지. 그래서 집중할 수 있는 환경도 중요해.

카페에 가본 적 있니? 휴일에 카페에 가면 학생이든 어른이든 공부를 하고 있어. 집중하기 위해서는 주변 환경도 중요하다는 것을 알고 있기 때문이지.

물론 자연히 집중할 수 있는 것이 가장 좋지만, 그게 힘들다면 주변 환경에 조금 변화를 주는 것도 좋아. 예를 들어 공부하기 위한 장소를 만들어 보는 건 어때? 공부하려는 곳 주변에는 텔레비전이나 게임기 같은 좋아하는 물건을 두지 마. 마음을 단단히 다잡거나 성격을 바꿔야만 집중할 수 있다고들 하는데, 우선 이렇게 환경을 조금 바꿔 보는 건 어떨까. 그렇게만 해도 상당히 집중력이 오른단다. 희한하게도.

 ## 아이들은 원래 집중이랑 거리가 먼 존재

무라세 선생님은 집중하기 어려울 때 집중할 수 있는 '기술'을 알려줬고, 고노 선생님은 그런 기술에 의존하지 않고 자연스럽게 집중하는 방법에 대해 말하고 있어.

그런데 두 사람 대답을 듣고 있으려니 왜 집중해야만 하는 건가 하는 새로운 질문이 떠올랐어. 특히 어린 시절에는 다양한 것에 흥미를 갖기 마련인데 조금만 산만해지면 바로 '집중!' '집중!' 하면서 혼나잖아. 지금 생각하면 꼭 그래야만 하나 싶어. 집중한다는 건 진짜 그렇게 대단한 일일까?

이 책에서 하는 철학 대화를 실제로 하는 '철학 카페'에서 나온 이야기인데, 도시에서 살 때는 주변 사람들로부터 늘 침착하지 못하다고 지적받고, 학교에서도 맨날 혼나기만 하는 아이가 있었대. 그런데 시골로 이사 가니까 '아이란 원래 그런 거지.' 하며 산만한 행동을 인정해 주어서 스트레스를 받지 않게 되었다는 거야.

나는 이 이야기를 듣고 호기심 왕성한 어린이가 산만한 건 오히려 아이만의 중요한 특징이 아닐까 생각했어. 그런 아이를 매일 매일 긴 시간 좁은 교실에 가둬 두고 조금만 떠들거나 장난치면 '집중해라!'라고 말하는 어른이 이상한 거 아닐까?

 **[마무리] 정말 집중하고 싶은 건 뭐야?**

'한 가지 일에 집중하려면 어떻게 해야 하지?'라는 질문에서 출발했지만, 세 사람 이야기를 들어 보니 이 의문이 아주 중요한 것을 생략하고 있다는 사실을 깨달았어.

정말 좋아하고, 재미있고, 가장 하고 싶은 일이라면 무리하지 않아도 자연히 집중할 수 있지. 그러니까 진짜 의문은 '재미있지도 않고 지금 하고 싶지 않은 일을 어떻게 집중해서 해치우지?'였던 거야!

그렇다면 집중법을 생각하기 전에 우선 '왜 그렇게 재미없는 일을 해야만 하는가?'라는 문제를 생각하는 것이 좋겠어.

해도 그만 안 해도 그만이라는 생각이 들면 집중할 필요 없이 적당히 끝내거나 굳이 할 필요 없겠지. 쓰치야 선생님이 말했듯 한 가지 일에 집중하는 것보다 신경 쓰이는 것들을 차례차례 해 나가는 것도 좋겠고.

반대로 재미없어도 중요한 일이라고 스스로 받아들였다면 비로소 집중하는 방법을 시험해 볼 때야. 재미있는 점이나 도움이 되는 부분을 알면 즐거워질 거라는 게 고노 선생님 의견이지. 재미없지만 중요하다고 받아들였다면 이미 즐기기 위한 첫걸음을 내디딘 건지도 몰라.

무라세 선생님은 집중하기 좋게 환경을 바꿔 보자고 했어. 좋아하는 물건을 주변에 두지 않는 건 괜찮은 발상이야. 그 밖에도 집중하기 좋은 환경에는 어떤 특징이 있을까? 이건 생각해 볼 여지가 있어.

　마지막으로, 이렇게 고민을 해서 집중할 수 있게 되었다면 다시 한 번 생각해 봐. 그건 정말 재미없는 일이었는지. 그때 왜 그렇게 재미없다고 생각했는지를 말이야.

왜 어린이는 화장하면 안 돼요?

 **어른도 별로 하고 싶지 않을걸**

'어른들은 염색도 하고 화장도 하면서 아이들한테는 왜 안 된다고 하지?' 하고 생각하고 있구나. 하긴 이상하긴 해.

난 사실 안 되는 건 아니라고 생각해. 세상에는 주위 사람들에게 피해를 주니까 하지 말아야 하는 행동이 있고, 자유롭게 해도 좋은 행동이 있어. 화장은 어린이든 어른이든 하고 싶은 사람은 자유롭게 해도 좋다고 생각해.

그런데 왜 많은 어른이 안 된다고 하는 걸까? 내 생각엔 어른이어도 사실은 하고 싶지 않은 사람이 있기 때문인 것 같아. 염색이나 화장을 좋아하는 사람도 있지만, 주위 시선이 신경 쓰여서 어쩔 수 없이 하는 사람도 많거든. 그런 사람은 분명 '굳이 할 필요가 있니? 어차피 어른이 되면 싫어도 해야 하는데.'라고 생각하는 걸 거야.

어릴 때 난 정장을 입고 싶었어. 하지만 꼭 입어야 하는 어른이 되니까 생각보다 불편해서 싫어도 참고 입을 때가 있어. 그거랑 비슷한 것 같아.

쓸데없는 참견이겠지만 어떤 의미에서는 널 위해 하는 말이라고 생각해.

 **어른처럼 다뤄질 수도 있어서 그래**

세상엔 화장하고 싶지 않은 어른이 많아서 아이에게도 안 된다고 하는 거라는 무라세 선생님 말, 어떻게 생각해?

마을 축제나 연극, 행사같이 특별한 경우에는 아이들도 화장하긴 하지만, 여자아이들은 평소에도 예쁘게 보이고 싶으니까 화장하고 싶을 거야. 넌 아직 어린아이라 마음대로 화장할 수 있는 어른이 되려면 시간이 아주 많이 걸릴 거라고 생각하고 있겠지?

하지만 어린이와 어른의 차이는 너희가 생각하는 것만큼 크지 않을지도 몰라. 어떤 나라 아이들은 학교에 갈 돈이 없어서 어른처럼 일하기도 해. 그중에는 어른처럼 화장하고 어른을 상대로 일하는 아이도 있지. 나이를 물어보니 깜짝 놀랄 정도로 어렸어.

화장을 하면 어른처럼 되는 것이 아니라 어쩌면 그대로 어른이 되어 버리는 건지도. 그리고 아직 아이인데도 화장한 아이들을 어른 남자들이 어른처럼 대할 수도 있어.

화장은 아직 이르다고 말하는 네 주변 사람들은 그 사실을 알기 때문에 걱정하는 건 아닐까. 네가 어른으로 다뤄지기에는 아직 너무 이르다고 생각하는 걸 거야.

 **우선 화장을 배우고 나서 하는 건?**

아이에게 화장하지 말라고 하는 이유는 아이 혼자 부엌칼이나 가스레인지로 요리하면 안 되는 이유와 비슷할지도 몰라. 즉 어른이 되면 자유롭게 할 수 있는 일이고 즐겁고 유용한 일이긴 하지만, 제대로 배운 다음 하지 않으면 위험한 일이라는 거지.

단지 얼굴을 아름답게 하는 건데 왜 위험하냐고? 화장품에는 몸에 좋지 않은 성분도 포함되어 있어. 자기에게 맞는 것을 고른 후 아무 데나 묻지 않게 조심하며 발라야 하고, 특별한 제품으로 지우지 않으면 피부나 눈에 병이 걸릴 수 있는 것도 있어. 피부가 상하지 않게 화장하는 건 꽤나 어려운 일이야.

그리고 사람에 따라서는 화장품 색깔이나 화장하는 부위로 다양한 의미를 표현한다고도 해. '축하해.' '사랑해.' '즐거워.' '이 일은 내게 맡겨.' '슬퍼서 기운이 안 나.' 같은 다양한 메시지를 화장으로 전달하는 거지. 친구 생일에 '슬픈' 화장을 하면 이상할 테고, 좋아하지도 않는 사람을 만나는데 '사랑해.'라는 뜻을 담은 화장을 하면 이상하지 않겠어? 때로는 이런 화장법을 알아두는 것도 도움이 되지 않을까?

화장하지 않아야 할 때도 있어. 너희도 잘 알고 있겠지만, 수영장이나 온천에 들어갈 때는 물이 더러워지니까 화장을 하면 안 될 테고, 운동할 때는 땀 때문에 금방 지워지니까 화장하는 의미가 없겠지. 학교 체육 시간에도 화장하지 않는 게 좋겠고.

그저 '화장은 안 돼.'라고만 하지 말고, 어른들이 이유를 잘 설명해 주거나 화장품이나 화장하는 방법에 대해서나 먼저 제대로 가르쳐 줘야 너희들이 받아들이기 쉽겠지. 학교에서 이런 수업도 병행할 수 있으면 좋을 텐데 하는 생각도 드네.

[마무리] 화장에는 다양한 메시지가 숨어 있다

아이는 왜 화장하면 안 될까? 세 사람은 저마다 다른 이유를 들었지만 정리해 보면, 앞의 두 선생님이 말한 이유에는 공통점이 있어. 무라세 선생님은 그와 좀 다른 이유를 들었지.

무라세 선생님은 '어른도 하기 싫은 사람이 많다.'였어. 어른은 화장할 필요가 있지만, 사실 하고 싶지 않은 사람도 있어. '어린이는 화장할 필요가 없는데 왜 화장을 하고 싶어 할까?'라고 생각해서 자꾸만 주의를 주는 거라고 말해. 그래도 역시 화장하는 걸 아주 좋아하는 어른도 많고, 어서 화장을 해 보고 싶은 어린이도 있으니까 모두가 무라세 선생님처럼 화장을 '귀찮지만 어쩔 수 없이 하고 있다.'라고는 볼 수 없지 않을까.

다른 두 사람은 화장이 '다양한 메시지'를 보낸다는 사실에 주목하고 있어. 고노 선생님은 그중에서도 특히 여자아이가 화장하면 '어른 여성'이라는 메시지를 주위에 보내는 거라서 문제가 된대. 아직 어른처럼 다뤄지기에는 너무 어린데 화장을 함으로써 주위 사람들이 어른으로 볼 수 있다는 거지. 그래서 아이들은 화장하면 안 된다는 거야.

이에 비해 고도 선생님은 그것 말고도 화장이 다양한 메시지를 보내는 실제 사례를 풍부하게 들고서, 화장의 의미나 화장법을 제대로 배운 후 하면 좋을 것 같다고 해.

맞는 말이야. 정말 화장이 그렇게 숨겨진 메시지를 보내고 있다면, 고도 선생님이 제안한 것처럼 국어에서 '문장 읽는 법'을 공부하듯 학교에서 '화장의 메시지' 같은 걸 가르쳐서 모두 올바르고 안전하게 화장할 수 있게 지도해도 좋겠다 싶네.

여자다워지려면 어떻게 해야 해요?

 ### 그 의미가 객관적으로 정의되어 있지 않아

그런 게 신경 쓰였다는 건 네 주변에는 여자답다는 평가를 받는 아이들이 몇 명 있다는 얘기일까? 그래서 너도 그렇게 되고 싶은 거니? 만약 그렇다면 네가 여자답다고 느끼는 아이들을 떠올려 봐. 그리고 그 아이들만의 특징이 있는지 생각해 봐. 뭔가 발견했어? 비슷한 것 같기도 하고 아닌 것 같기도 한 공통점은 있을지 모르지만, 그걸 말로 제대로 표현할 수 있을까?

사실 난 '여자답다.'라고 평가받는 사람들에게 공통된 특징이란 없는 게 아닐까 의심하고 있어. 왜냐하면 어떤 특정한 대화의 흐름 속에서 특별한 이유도 없이 우연히 '여성스럽다.'라고 느낀 몸짓이나 행동을 별다른 생각 없이 표현한 것에 불과한 게 아닌가 싶거든.

'여자답다.'라는 말이 애초에 무엇을 의미하는지조치 객관적으로 정의되어 있지 않다는 생각이 들어. 따라서 여자다워지려는 방법도 그다지 의미 없다고 생각하는데, 넌 어때?

 ## 여자다움이란 건 누가 정하는 거야?

'여자답다.'라는 건 여성에게 특별히 요구되는 능력을 말하는 걸까? 남성과 달리 여성에게만 요구되는 능력이 진짜 있는 걸까?

여자다움을 중시하는 배경에는 여자에게는 여자다움을, 남자에게는 남자다움을 요구하는 사회 분위기가 있다고 생각해. 왜인지 모르지만, 빨간색 책가방은 여자아이용이고 남자는 치마를 입지 않지. 말투에도 남자다운 말, 여자다운 말이 있어. 이 이야기를 듣는 다른 사람들도 비슷한 경우를 연상할 수 있을 거야. 그 말은 곧 사람들이 남자다움과 여자다움이라는 말을 듣고 비슷한 상상을 한다는 거고, 그 모습대로 살아야 한다고 생각한다는 거야.

하지만 꼭 거기에 따라야 하는지는 잘 모르겠어. 오히려 양성 평등이 올바르다고 생각한다면 거기에 따르지 않는 게 맞지 않을까?

어쨌든 딱 잘라 말하기는 어렵지만 사회에서 흔히 말하는 '여자다움'이란 것을 읽어내고 그에 맞추는 것이 여자다워지는 방법이라고 할 수 있을 것 같아. 하지만 이 '~다움'을 정하는 건 대체 무엇이고, 누가 정한 걸까? 예부터 내려온 전통? 텔레비전, 신문, 잡지? 주위에 있는 사람들? 이것을 알 수만 있다면 좀 더 효과적으로 여자다움을 알 수 있지 않을까?

 **멋진 사람은 어떤 사람일까?**

여자다움이 어떤 건지는 '여자다워지고 싶다.'라고 생각하는 사람이 제대로 알고 있지 않을까? 객관적으로 어떤 것인지 딱 정하지 않아도 그저 자기가 상상하는 멋진 여자가 되고 싶은 것이 아닐까? 사실은 남자든 여자든 상관없을지도 몰라. 누구든 멋진 사람이 돼서 자기 자신을 사랑하고 싶고, 다른 사람에게도 사랑받는 인기인이 되고 싶다고 생각하잖아.

내가 원하는 모습이 되는 건 왜 이렇게 어렵고 힘든 걸까? 상냥해져야지 하고 생각해도 좀처럼 상냥하게 행동하기 힘들지. 옷을 잘 입고 싶다고 생각해도 뭘 입어야 좋을지 모르겠고. 멋진 사람을 따라 해도 그 사람이 아니다 보니 생각처럼 안 되고, 오히려 따라쟁이라고 미움받을지도 몰라.

그런데 그 멋진 사람은 하나도 힘들어 보이지 않아. 태어나기를 멋지게 태어난 모양이라는 생각이 들 만큼. 그런 건 반칙 아니야? 나도 그 사람처럼 언제나 멋지게 보이는 몸과 능력을 갖고 싶어!

하지만 그런 기분에 휩싸일 때는 역시 어딘가에서 잘못 생각하고 있는 거야. 누군가가 멋지게 느껴지는 것과 그 사람이 어떤 능력이나 기술을 가지고 있는 것은 관계가 없다고 생각해. 그러니까 멋진 사람이 되기 위한 능력이나 기술을 익히려고 하면 할수록 '멋진 사람'에서 멀어질 때가 있어.

누군가를 멋지다고 생각할 때는 그 사람의 어떤 면을 보고 그렇게 느낀 걸 거야. 다시 한 번 냉정하게 생각해 보는 게 어떨까?

 **[마무리] 틀에 얽매이지 말고 멋지게 살자**

　세 사람 모두 '여자다워지려면 어떻게 해야 할까?'라는 물음에 답하기 전에 '여자다움'이란 무엇인지, 누가 정한 것인지, 왜 여자다워지려고 하는지를 되묻고 있어.

　여자 어린이는 어릴 때부터 툭하면 '여자애는 그런 짓 하면 안 돼.' '이런 옷을 입어야 해.' '이렇게 해야 착한 여자애지.' 같은 틀에 맞춰져 자라온 경우가 많아. 남자 어린이도 마찬가지로 '이렇게 하지 않으면 남자가 아니지.' '이런 태도가 남자답고 멋있어.' 같은 틀에 맞춰질 때가 있어. '여자다움'이라는 것도 사람을 틀에 가둬서 생각의 폭을 좁히는 사고방식이라고 생각해.

　여자다워지려고 굳이 애쓰지는 마. 스스로 자신을 멋지다고 느낄 수 있는 행동을 하고, 그것을 계속 발전시켜 나가면 훨씬 멋지고 아름다운 모습으로 성장하게 될 거야. 친구들에게 너무 휘둘리지 않는 것도 멋있어지는 한 방법이야.

수상한 사람은 어떻게 알아 볼 수 있어요?

 **겉모습만으로는 알 수 없어**

    수상한 사람은 어떤 사람일까. 아마도 나쁜 짓을 하는 사람이겠지? 여기서 주의할 점은 나쁜 짓을 할 것 같이 보이는 사람은 아니라는 거야.

    나빠 보이지만 실제로 나쁜 사람이 아닌 경우도 많아. 반대로 나쁜 사람인데 전혀 나빠 보이지 않는 사람도 많지. 오히려 진짜 나쁜 사람들은 나빠 보이지 않게 주의를 기울이고 있을 거야. 그러니 사람을 딱 보고 나쁜 사람인지 좋은 사람인지 바로 알 수 없어. 또, 겉모습만으로 사람을 판단하는 건 아주 위험한 행동이기도 해.

    그렇다면 자신의 몸은 어떻게 지킬 수 있을까? 친절해 보이는 사람이 상냥하게 말을 걸어온다고 해서, 반대로 무섭게 보이는 사람에게 혼났다고 해서 섣부르게 판단해선 안 돼. 그 사람이 진짜 어떤 사람인지는 실제로 사귀어 보지 않으면 절대 알 수 없어. 그 사실을 염두에 두고 행동해야 할 거야.

 **온 힘을 다해 도망치자**

진짜 나쁜 사람인지는 겉모습만으로 알 수 없다는 말에 나도 찬성해.

사실 나쁜 사람과 착한 사람만 존재하지 않아. 어떤 사람이라도 나쁜 짓을 저지를 수 있어. 너무 슬픈 일이지만, 모르는 사람뿐 아니라 네가 잘 아는 사람도 갑자기 너에게 상처를 입힐 수 있지. 그러니까 나쁜 사람을 구분하는 방법보다 지금 자신이 위험하지 않은지 스스로 올바르게 판단해야 해.

위험을 알려 주는 것은 자신의 감각이야. '평소와 달라.' '뭔가 이상해.' 그런 느낌이 아주 조금이라도 들었다면 틀려도 상관없으니까 온 힘을 다해 도망쳐. 네 몸을 지키기 위해서 상대가 나쁜 사람인지 아닌지를 알아내기 위해 처음부터 하나씩 알아나갈 필요는 없어.

어쩌면 그 사람이 이상하게 보이는 건 단순한 착각이었고 네가 도망가거나 도움을 요청함으로써 상대가 슬퍼할 수도 있어. 그랬다면 나중에 제대로 사과하면 돼. 그건 사과하면 해결할 수 있는 일이거든.

반대로 만약 그 사람이 진짜 나쁜 짓을 하려던 거라서 네가 납치되거나 크게 다친다면 돌이킬 수 없는 일이 벌어지지. 그러니까 우선은 자신을 믿고서 다른 건 아무것도 생각하지 말고 도망치는 게 좋아.

# 책임은 어른에게 있어

   두 사람 말은 모두 옳아. 겉모습만으로 판단하기는 어렵고 친한 사람이 사실은 수상한 사람이었을 수도 있어. 고도 선생님 말처럼 일단 도망치는 게 바람직할지도 몰라. 하지만 나는 스스로 자신을 지키는 방법을 아이에게 알려주는 데 그치지 말고 선생님이나 엄마, 아빠 그리고 지역 어른들이 나서야 한다고 생각해.
   도시에서는 모르는 사람에게 '안녕하세요.' '날씨가 좋네요.' 같은 인사를 별로 건네지 않지. 어른들도 모르는 사람에게는 거의 인사를 하지 않아. 하지만 인사는 상대를 알 때만 하는 게 아니라 상대를 알기 위해서도 하는 거야. 인사를 하면서 상대방의 표정이나 반응을 잘 관찰해 봐. 이 사람은 제대로 인사를 받아주나? 아니면 무언가 꿍꿍이가 있어서 눈을 피하나?
   인사를 하고 미소를 주고받는 행위는 다른 무엇보다 우선 상대를 파악하고 몸을 지키기 위해 해야 할지도 몰라.
   수상한 사람이 있으면 어린이가 아니라 어른이 행동에 나서야 해. 그 전에 먼저 어른들끼리 제대로 인사를 주고받으며 서로 알고 지내는 분위기를 만들어 둘 필요가 있다고 생각해.

 **[마무리] 절실한 문제와 어떻게 마주할 것인가**

요즘 들어 우리 주변에 흉흉한 일이 많이 일어나니까 수상한 사람을 알아내고 몸을 지키는 법을 알고 싶어 하는 어린이가 많아.

안타깝게도 어린이가 유괴되거나 살해당하는 사건이 생각보다 자주 일어나. 그런 뉴스를 보고 듣는 아이들은 자기도 언제 어디서든 수상한 사람과 맞닥뜨릴 수 있다는 생각만으로도 무서울 테고, 이런 사람을 어떻게 알아내는지 절실히 알고 싶을 거야.

무라세 선생님과 고도 선생님은 눈에 보이는 겉모습만으로는 수상한 사람을 알아낼 수 없다고 했지. '진짜 나쁜 사람들은 결코 나쁜 짓을 할 것처럼 보이지 않게 주의를 기울이고 있을 것이다.'라는 무라세 선생님 의견은 타당해.

또, 고도 선생님은 '모르는 사람뿐 아니라 네가 잘 알고 있는 사람도 갑자기 너에게 상처를 입힐 수 있어.'라고 했어. 그래, 맞아. 가까운 사람이라 너도 방심하기 쉽고, 상대방도 너와 가까우면 가까울수록 나쁜 짓을 하고 있다는 자각 없이 너를 상처 입힐지도 몰라. 그러니 정말 무서운 건 이렇듯 가까운 사람이 바로 수상한 사람인 경우지.

모든 상황에서 어린이를 지킬 의무는 어른에게 있다는 것이 고노 선생님 의견인데, 하나의 예로 어른들이 서로 모르는 사이라도 인사를 주고받는 분위기를 만들면 아이들이 수상한 사람을 쉽게 알아낼 수 있을 거라고 하네.
  고노 선생님 말처럼 아이들이 스스로 자신을 지키는 방법을 알려주는 데 그치지 말고 어른들이 적극적으로 나서야 해. 책임은 어른에게 있으니까 말이야.

 1장을 읽고 떠오르는 질문이나 생각, 느낌을 써 봐.

네 생각과 통해서 기억해 두고 싶은 문장을 여기에 써 둬도 좋겠지.

아니면 마음대로 그림을 그려도 좋고, 물론 비워 둬도 상관없어.

> 그런데 '그냥 좀 평범하게 있으면 안 되겠니?' '그런 건 평범하지 않잖아.' 같은 말을 듣는 건 대개 주의나 비난을 받을 때야. 다시 말해서 튀지 말고 남들처럼 하는 게 바람직하다는 말이지.
> 넌 어때? 주위에 있는 친구가 자기만의 개성을 갖고 있었으면 할 때도 있고, 다른 사람들과 똑같길 바랄 때도 있지 않니? 어떤 이유에서 다른 사람과 똑같길 바라니? 그리고 그 이유를 너는 받아들일 수 있니?

2장

평범하다는 게 뭘까?

왜 꿈을 가져야 해요?

 **사랑처럼 꿈도 논리로는 설명할 수 없어**

'꿈'은 이유나 필요가 있어서 갖는 게 아니라 자기도 모르게 자연히 품는 거야. 내가 맨 처음 가졌던 꿈은 천문학자였어. 그때 난 별과 우주를 너무 좋아했거든. 좋아한 만큼 더 알고 싶어서 별과 우주를 잘 아는 천문학자에게 동경을 품었지.

꿈이 아니라 '목표'라면 갖게 되는 확실한 이유가 있어. 또 지향하는 것을 명확히 설정해서 거기까지 다다르기 위한 계획을 꼼꼼히 세우면 효율적으로 일을 진행할 수 있지. 그리고 게을러지는 것도 막을 수 있고.

하지만 꿈은 그런 게 아니야. 꿈은 사랑이랑 비슷해서 논리로 설명할 수 없어. 어쩔 수 없이 누군가를 좋아하게 되는 것처럼 저 사람처럼 되고 싶어질 수 있어.

아이돌이나 만화가가 되는 게 엄청나게 어렵다는 걸 머리로는 알아도 꿈을 꾸게 되고, 그 꿈을 좀처럼 포기하지 못해. 꿈을 갖는 것도 포기하는 것도 마음대로 할 수 없는 점이 꿈이 가지는 장점이자 단점이기도 해.

현실 세계를 지탱하는 힘이 아닐까?

자면서 꾸는 꿈도 꿈이라고 하지. 쓰치야 선생님 말처럼 명확한 목표나 목적을 갖는 것과는 달리 꿈은 흐릿한 데다 그다지 현실적이지도 않고, 또 현재 생활과는 거리가 멀어서 이루기 쉽지 않지. 그렇지만 어떠어떠하게 되고 싶어 언젠가는 꼭 이루고 싶다는 희망을 '꿈'이라고 해.

'막연하기만 한 꿈을 굳이 가져야 할까?'라는 생각이 들 수 있어. 나는 꿈을 가지는 것은 중요하다고 봐. 목표를 향해 늘 노력하는 사람이 커다란 꿈 없이 산다면 그저 정신없이 하루하루를 보내고 마는 것 아닐까.

날마다 노력하더라도 꿈이 없으면 마지막에는 어디에 다다르게 될지 몰라 길을 잃을 거라고 생각해.

밤에 꾸는 멋진 꿈과 장래를 향한 희망을 품은 낮의 꿈. 나는 그러한 비현실적이고 애매모호한 것들이 받쳐 주는 현실 생활이 오히려 앞으로 어떻게 나아가야 할지 방향을 잃지 않게 해 주는 게 아닐까 싶어.

상식을 바꾸는 것이 꿈의 힘이기도 해

어른들은 자주 '앞으로의 꿈이 뭐니?' 하고 묻지. 모르겠다고 대답했다가 질문한 사람이 실망한 듯한 얼굴을 하면 자신이 무슨 잘못을 했나 싶어 당황한 적 있을 거야. 난 장래희망이 없다고 답해도 괜찮다고 생각해. 지금 생활이 너무 재밌어서 먼 미래를 생각하지 않아도 된다는 뜻일 수도 있고, 해 보고 싶은 일이 너무 많아서 하나만 고를 수 없을 수도 있으니까. 그런데 왜 어른들은 아이들이 꿈이 없다거나 모르겠다고 하면 실망할까?

꿈은 잘 때 꾸는 꿈과 미래에 대해 생각하는 꿈 말고도 한 가지 더 있어. 깨어 있는 시간 동안 빠지는 공상이야.

예를 들어, 하늘을 올려다보며 새처럼 날 수 있으면 좋을 텐데, 하고 생각하거나 공부가 지루해졌을 때 수업 시간표가 전부 체육이면 좋을 텐데, 하는 생각. 이런 생각만 하는 사람을 '몽상가'라고 해. 좋은 의미로만 쓰이는 건 아니지만, 공상 같은 꿈을 꾸는 것도 중요하다고 생각해. 공상은 모두가 상식이라고 생각하는 것들을 꼭 그 방식 그대로일 필요가 없고 바꿔도 괜찮다는 것을 알아차리게 해 주니까 말이야.

옛날에는 사람이 하늘을 날 수 없었지만, 하늘을 날면 좋을 텐데 하고 생각한 사람이 있었기 때문에 비행기나 헬리콥터가 발명된 거잖아. 이런 즐거운 공상은 많이 할수록 좋다고 생각해.

[마무리] 아이들이 꿈을 갖길 바라는 이유

한 사람은 꿈과 사랑을 같이 보고 있어. 자기도 모르는 사이에 이유 없이 갖게 된다는 점이 비슷하거든. 이유가 없는 질문에 대한 답도 어떤 의미로는 존재하지 않겠지. 만약 확실한 이유가 있는 꿈은 꿈이 아니라 목표라는 게 쓰치야 선생님 의견이야. 꿈과 사랑은 이유 없이 자연히 생겨서 포기하기도 힘들어. 쓰치야 선생님은 분명 그런 꿈을 가져 봤고, 그런 사랑도 많이 해 본 것 같아.

다른 한 사람은 꿈을 밤에 꾸는 꿈과 비교하고 있어. 둘은 비현실적이고 흐릿하다는 점에서 비슷하지. 희미한 꿈들이 현실 생활을 받쳐 주며 나아가야 할 곳을 알려 준다는 것이 고노 선생님 의견이었어.

고도 선생님은 또 다른 '꿈'으로 공상을 말했어. '몽상가'들이 꾸는 꿈이지. 몽상가들 꿈은 세계를 바꿔왔어. 우리 주변에 있는 편리한 발명품 대다수는 몽상가들의 꿈에서 나왔거든.

이렇게 생각하니 꿈을 가지면 다양한 '효과'가 있는 것 같아. 어쩌면 어른들이 아이들에게 꿈을 갖길 바라는 이유가 이런 효과를 기대하기 때문일지도 몰라. 고도 선생님이 말했듯 지금이 즐거워서 미래를 생각할 여유가 없을지도 모르지만, 꿈꾸는 일이 효과가 있다면 자신에게는 어떤 꿈이 있는지 한 번쯤 생각해 보는 것도 좋지 않을까.

절대적인 것은 있어요? 절대란 게 뭐예요?

절대적인 사건은 존재하지 않아

'절대'란 무엇일까? 어떤 말을 떠올릴 때는 그 말이 어떤 의미가 있는지보다 어떤 때에 쓰이는지를 먼저 따져 보는 게 좋아. 넌 언제 '절대'라는 말을 쓰니? '이번 시합에 우리 축구팀은 절대 우승할 수 없어.'라고 말할 때는 '우승 가능성이 0.'이라는 의미일 거야.

'절대'는 예시를 든 상황에 쓰기엔 알맞지 않아. 설사 우리 팀이 뛰어난 실력을 갖추지 못했다 하더라도, 상대 팀 선수가 모두 병에 걸려서 나오지 못하는 일이 일어난다면 우리 팀이 이길 수 있잖아.

그럼 '내일도 태양은 뜬다.'라는 건 절대적일까? 뜰 가능성은 아주 크지만 어쩌면 오늘 태양이 폭발해 버릴지도 모르지. 그러니까 난 세상에 절대적인 것은 없다고 생각해.

가능성이 0퍼센트이든 반대로 100퍼센트이든 마찬가지야. 한없이 0퍼센트에 가깝거나 한없이 100퍼센트에 가까울 수는 있지만 말이야.

 ## 절대적인 사실은 '조금만' 존재해

 고노 선생님 대답은 '문자 그대로의 의미에서 절대란 없다.'라는 건데 말이야, 이런 의견을 들을 때마다 난 어느 철학자가 한 말이 떠올라. 그 철학자는 꿈속에서도 의심할 수 없는 절대적인 것이 있다고 말했어. 예를 들어 '사각형은 변이 네 개다.'라는 공식 같은 거. 물론 그 사람은 바로 이렇게 덧붙였지. '혹시 전지전능한 나쁜 신이 우리를 속이려고 우리가 사각형의 변을 셀 때마다 잘못 세게 하고 있을지도 모르지만.'이라고.
 나는 '사각형의 변은 네 개다.'라는 건 태양이 폭발하든 우주가 뒤집히든 '절대'로 성립한다고 생각해. 만약 누가 사각형의 변이 진짜로는 네 개가 아니라고 말한다면 이해할 수 있을까. 왜냐면 사각형의 '정의'는 '네 개의 변을 가진 도형'이라는 의미니까 말이야. '알고 보니 사각형의 변이 네 개가 아니더라.' 이렇게 말한다면 그건 사각형의 '정의'와 모순되잖아. 앞뒤가 안 맞는 이런 모순된 말은 당연히 이해할 수 없지.
 그래서 나는 이렇게 생각해 봤어. 나쁜 신이 있어서 사실은 변이 다섯 개 있는 도형을 우리 눈에는 네 개 있는 것처럼 보이게 했다고 쳐. 그래서 우리가 다섯 개를 네 개로 잘못 센 거라고 해도 '사각형의 변은 사실 네 개가 아니다.'라는 결론은 낼 수 없다고 생각해. 그 결론은 '우리가 사각형이라고 생각해 온 도형은 사실은 오각형이었다.'잖아. 그리고 이 경우에도 '오각형의 변은 다섯 개다.'라는 건 어떤 일이 있어도 절대 확실한 거지. 왜냐면 오각형의 정의는 '다섯 개의 변을 가진 도형'이니까.

나는 문자 그대로 '절대'적인 것은 존재하고, 사각형 이야기가 그 예라고 생각해. 네 생각은 어때?

그 외에도 '내일은 맑거나, 맑지 않거나 둘 중 하나다.'라는 말도 문자 그대로 '절대'겠지. 오히려 나는 왜 이런 절대 확실한 것이 '조금만' 있는 건지 그게 이상해.

'절대'가 있다는 믿음

'절대'라는 말은 잘난 척하는 것 같아서 마음에 안 들어.

고노 선생님 말처럼 '절대 이길 수 없다.'라고 하는 사람에게 누군가 '가능성이 아예 없지는 않잖아?'라고 되받아쳤다고 하자. 분명 화낼 거야. 이런 식으로 쓴 '절대'라는 말은 좀 기분 나쁘지 않아? 다른 사람 의견을 듣지 않고 자기가 옳다고 생각하고서는 '절대'라고 말하고 있잖아. 그러면 오히려 '이 세상에 절대가 어디 있어?'라고 생각하고 싶어지지.

'절대 그런 것'과 '자신이 절대 그렇다고 믿는 것'은 다른 거야. 만약에 내가 쓰치야 선생님에게 '도형을 잘못 봐서 그런 게 아니라 우리 모두가 수를 세는 법 자체를 잘못 알고 있어서 그런 거라면, 진짜 사각형의 변은 네 개가 아닐지도 모르죠.' 하고 말했다고 치자. 이상한 의문이긴 하지만 쓰치야 선생님은 이 질문에 대해 여러 가지로 생각해 볼 거야. 왜냐하면 쓰치야 선생님은 자기 생각을 '절대 그렇다고 믿는' 사람이 아니니까 말이야.

절대적인 걸 찾으려면 다른 사람들과 이야기를 나눠야 해. 함께 절대적인 것을 찾는 행위는 모두가 '절대'라는 게 있다고 생각하기 때문에 가능한 것 아닐까?

만약 '절대'가 없다면 '어차피 절대적인 것은 없으니까 각자 자기 좋을 대로 생각하면 되지.'라며 굳이 협력하려고 하지 않을 거야. 그런 의미에서 보면 '절대'라는 건 사람과 사람이 협력하게 하는 접착제 같은 역할을 하는 건지도 모르겠네.

[마무리] 절대로 옳은 답을 찾을 수 있을까?

친구들과 수다 떨다가 '절대로 이게 맞아.'라든가 '이렇게 하면 절대로 안 될걸?' 같은 말을 할 때가 있어. 하지만 정말 '절대' 그런가 하면 그렇지 않아. 틀리거나 잘 안 되는 일도 자주 있어.

그렇다면 진짜 '절대' 옳은 게 있긴 할까?

한 사람은 저런 말들이 과장된 표현에 불과하고 정말 절대적인 것, 즉 가능성이 100퍼센트인 일은 없다고 해. 반면 다른 한 사람은 절대적인 사실은 있다고 했지. 어느 쪽이 맞을까?

쓰치야 선생님이 든 예는 언제나 반드시 옳은 것처럼 들리지만

'내일은 맑거나 맑지 않거나 둘 중 하나다.'라는 말은 너무 당연해서 아무 의미 없는 말처럼 들리지 않니?

무라세 선생님은 사람들이 '절대적으로 옳은 일은 분명히 있다.'라고 믿는 거라고 생각해. 그러니까 서로 협력하고 대화한다고 보고 있지. 어딘가에 절대적으로 옳은 답이 있다고 믿지 않는다면 모두 함께 그것에 대해 생각하진 않을 거라고 말이야.

너도 분명 옳은 답이 있다고 믿으니까 이 책에 등장하는 질문에 대해 생각하고 다른 사람 의견을 읽고 있는 거 아닐까.

넌 모두가 함께 오랜 시간 대화하고 천천히 생각해 간다면 언젠가는 절대로 옳은 답을 찾으리라고 생각하니? 아니면 절대 찾지 못하리라고 생각하니?

평범하다는 게 뭐예요?

 **평범한 건 재미없잖아**

'평범'하다는 건 어떤 걸까? '평범'이라는 단어의 첫 번째 의미는 '특별한 구석이 없다.'라는 뜻일 거야. 아무 특징도 없고 흔해서, 나쁘게 말하면 시시한 거지. 나는 옛날부터 특이한 게 좋았지 평범한 건 별로 좋아하지 않았어.

특이한 걸 보거나 특이한 생각을 접하면 일단 너무 재미있고, 호기심을 자극받아서 생각도 자유롭게 퍼져 나가는 느낌이 들어서 참 좋았어. 나는 가능한 한 특이한 사람으로 남고 싶고, 이런 대화를 하고 있을 때에도 가능한 한 평범한 사람은 생각하지 않을 특이한 생각을 말하고 싶어.

그래서 '넌 평범하다.'라는 말을 들으면 분하기도 해. 그런 말을 들으면 나란 사람은 있으나 마나 한 존재가 된 것 같아서 우울해지지.

그런데 '그냥 좀 평범하게 있으면 안 되겠니?' '그런 건 평범하지 않잖아.' 같은 말을 듣는 건 대개 주의나 비난을 받을 때야. 다시 말해서 튀지 말고 남들처럼 하는 게 바람직하다는 말이지.

넌 어때? 주위에 있는 친구가 자기만의 개성을 갖고 있었으면 할 때도 있고, 다른 사람들과 똑같길 바랄 때도 있지 않니? 어떤 이유에서 다른 사람과 똑같길 바라니? 그리고 그 이유를 너는 받아들일 수 있니?

 **왜 평범하게 행동하라고 할까?**

쓰치야 선생님이 말했듯 '평범'이라는 말은 특징 없다는 의미도 있지만, '기준'이나 '규범'이란 의미도 있어. '평범하게 행동해야지.'라고 할 때는 기준 또는 규범으로 쓰이는 거야. 즉 '네 행동은 평범하지 않아.'라는 말은 상대에게 '네 행동은 규범에 어긋나니까 하면 안 돼.'라고 말하는 거지.

그런데 왜 '그러면 안 돼.'라든가 '그건 규칙 위반이야.'라고 직설적으로 말하지 않고 '평범'이라는 단어를 썼을까? 그건 '하면 안 돼.'라고 말하면 상대가 '왜 안 돼?' 하고 기분 나빠하거나 따질 수 있고, 규칙 위반이라고 하면 '그런 규칙이 어딨어? 누가 정했는데?' 하고 되레 질문해 올지도 모르기 때문이야.

'다른 사람과 똑같이 행동해야지!'라고 누군가를 비판하고 싶지만, 말하는 본인도 왜 모두와 똑같이 행동해야 하는지 정확한 이유를 모를 때 평범이라는 단어를 써. 평범한 방식은 진정한 규범도 아니고, 모두가 명확히 인정한 기준도 아니거든. 자기 마음대로 '평범한 것은 이런 것이다.'라고 착각하고 있을 뿐이지, 다른 사람들에게는 통하지 않을 때가 많아.

누군가가 너에게 평범하게 행동하라고 주문하면, '왜 네가 말하는 방식을 따라야 하는데?' '내 방식에서 어디가 이상한데?' 하고 질문해 봐. 만약 그 사람이 제대로 대답한다면 '평범함'에 대해 이야기를 나눠 보는 것도 좋아.

하지만 제대로 대답하지 않고, '모두와 똑같이 행동해!'라고만 하는 강압적인 사람의 말은 들을 필요 없어.

 **평범하지 않아도 괜찮아**

'평범하게 행동해.'라는 말은 쓰치야 선생님이 지적했듯 혼낼 때 많이 쓰고, 고노 선생님 말처럼 '모두와 똑같이 행동하지 않으면 안 돼.'라는 의미도 담고 있는 것 같아.

그러나 인간은 본래 제각기 다른 존재이고 저마다 다르게 말하고 행동하기 마련인데 그게 왜 문제가 되는지 모르겠어. 왜 다른 사람과 똑같이 행동해야 한다고 생각하지?

고노 선생님이 말했듯 규범으로서 필요하기 때문이야. '빨간 신호일 때 멈춘다.'라는 규범을 지키지 않으면 사고가 나는 것처럼 내가 다른 사람과 똑같이 행동하고 싶지 않다고 해서 규범을 어기면 안 되겠지. 이런 확실한 이유 없이 일단 똑같이 행동하자는 것은 변명하기 좋아서 그래. 혼날 때 '다른 애들도 다 하잖아요.'라고 변명할 수 있고, 혼내는 사람도 그럴 만하다는 마음이 들기도 하거든.

그렇다고 하더라도 '평범하게 행동해라.'라고 말하는 사람은 평소 제대로 된 이유 없이 행동하는 사람인 것 같아. 늘 변명할 때를 대비해서 '평범하게' 행동하는 거지. 그 말은 곧 네가 하는 행동에 제대로 된 이유가 있다면 그런 말을 따를 필요가 없다는 뜻이야. 평범하지 않으면 어때? 평범하지 않다고 주변에서 뭐라 해도 마음에 담아 두지 마.

 **[마무리] 그 단어로 무슨 말을 하고 싶은 걸까?**

'평범'이라는 단어의 뜻을 사전에서 찾아보면, '뛰어나거나 색다른 점이 없이 보통이다.'라고 되어 있어. 다른 말로 하면 특징이 없다는 뜻이야. 평범한 행동, 평범한 방식이 좋다고 지적받아도 뭘 어떻게 해야 하는지 막막하지.

한 사람은 평범한 것은 싫을 때도 있고 좋을 때도 있다고 말했어. 분명 '평범하지 않다.'라는 말에는 두 가지 의미가 있지. 좋은 의미로 개성적이고 특별하다는 뜻과 나쁜 의미로 별나거나 이상하다는 뜻이 있어. 어딘가 좀 다르지? 그러면서 한편으로는 개성을 길러야 한다니 어떻게 하자는 건지 혼란스러워.

다른 한 사람은 평범하게 행동해야 한다고 할 때의 평범은 기준이나 규범을 의미한다고 했어. 단순히 다른 사람들과 똑같이 행동해야 하는 것이 아니라 규범이기 때문에 따라야 할 때가 있다는 거지. 하지만 규범을 잘 모르는 사람이 이유를 제대로 설명하지 못하면서 일단 자신을 따르게 하려고 '그런 건 평범하지 않잖아.'라고 말할 때도 있어. 너는 그런 식으로 말한 적 없니?

또 다른 사람은 규범도 아닌데 왜 다른 사람과 똑같이 행동해야 하느냐고 의문을 제기하고 있어. 자기 행동에 제대로 된 이유가 없을 때 변명하려고 다른 사람과 똑같이 행동하는 거라면서 말이야.

세 사람 의견을 종합하면 평범이란 말을 습관적으로 쓰는 사람은 세상의 규범과 자기가 행동하는 이유에 대해서 자기 자신도 잘 모른다는 거야. 평범이라는 단어를 사용하기 전에 무엇을 말하고자 하는지 먼저 생각해 보는 게 좋겠다.

왜 모든 것에는 이름이 있을까요?

이름이란 무엇일까?

세상에 있는 모든 것에는 이름이 있어. 만약 세상에서 이름이 전부 사라진다면 어떻게 말해야 할까? 예를 들어 '무라세와 고노가 싸우고 있다.'는 말은 '저 사람과 저 사람이 싸우고 있다.'로 표현하게 될까?

'사람'도 '사자'나 '기린'과 마찬가지로 동물 종류를 일컫는 이름이야. 그렇다면 '저것과 저것이 싸우고 있다.'라고 하면 될까? 하지만 잘 생각해 봐. '싸우다'도 '웃다'나 '울다'와 같은 동작 이름이잖아. 그렇다면 '저것과 저것이 저것을 하고 있다.'라고 하면 문제가 없을까? 여기까지 오니 애초에 '저것'이라는 표현이 무언가를 가리킬 때 쓰는 말이라는 생각이 드는데…….

이렇게 생각해 나가면 '이름'이란 도대체 무엇일까? 하는 의문이 생길 거야. 이름이라는 단어를 들었을 때 가장 먼저 떠오르는 생각은 '사람 이름'일 텐데, 사람 이름은 세상에 한 명밖에 없는 그 사람을 가리키기 위해 사용하는 거잖아.

그럼 사물의 이름은? 사과는 대표적인 사물 이름이지만, 이 이름은 눈앞에 있는 세상에 단 하나밖에 존재하지 않는 '이 사과'만을 가리키는 것은 아니야. 귤이나 배와는 다른, 사과라는 과일 전부를 가리키는 '종류 이름'이지. 그렇다면 사물 이름은 사람 이름과는 상당히 다른 일을 하는 셈이 되네. 이것을 전부 이름이라고 여길지, 아니면 사람 이름 같은 것만을 이름이라고 여길지에 따라 이 질문을 어떻게 생각할지 달라지지 않을까?

 **이름이 없는 것도 있어**

   나는 세상 만물에 이름이 붙어 있다고는 생각하지 않아. 내 방 창문 밖에는 벚나무가 있는데, 굽어 있는 모양이 다른 어떤 벚나무와도 비슷하지 않아. 그렇게 독특하게 굽어 있는 벚나무를 단순히 '벚나무'라고만 하면 이 벚나무를 완전히 표현했다고 할 수 없어. 그러니 이름을 붙였다고도 할 수 없지.

   그렇다고 '이 위치에서 이런 각도로 꺾였고, 몇 센티미터 앞 이 방향을 향해 이런 각도로 굽었고……'라고 서술하면 엄청나게 긴 문장이 나올 뿐 이름이 되지 않지. 어떻게 표현하든 실제 물건을 대체할 수는 없다고 생각해. 이처럼 말로 표현할 수 없는 것이 존재하는 의미가 뭘까?

   아마존 정글에는 온갖 곤충이 있는데, 이름이 붙은 건 전체의 10퍼센트도 안 된다고 해. 종류가 너무 많은 나머지 곤충학자도 일일이 이름 붙이기를 포기했기에 곤충 대부분은 이름이 없어.

   물론 어떤 곤충이든 곤충은 곤충이니까 벌레나 생물이라고 부를 수 있지만, 그래서야 다른 생물과 구별 지은 제대로 된 이름을 붙였다고 할 수 없지. 너를 '인간'이나 '초등학생' '남자아이' '여자아이'라고 부른다고 너에게 이름을 붙였다고 하지 않잖아?

국어사전에는 단어가 약 10만 개 실려 있다지만, 구별 가능한 사물은 더 존재할 거고, 더욱더 세세하게 구별할 수도 있을 거야.

그러니까 세상에는 이름이 없는 것이 압도적으로 더 많아. 이 참에 네 주변에서 이름 없는 것들을 한번 찾아봐.

 **이름은 붙여 나가는 것이지**

분명 세상 만물에 이름이 붙어 있지 않지만, 노력하면 이름을 붙일 수 있다고 생각해. 하고자 하면 정글에 사는 곤충 모두에게 이름을 지어 줄 수 있겠지. 벚나무가 굽어진 모양도 상세히 하나씩 이름을 붙이면 되는 일이고.

이름을 붙이는 행위가 드문 일은 아니야. 아기가 태어나면 이름을 붙이고, 새로운 별이 발견되면 이름을 붙이지. 너 역시 새 장난감에 이름을 붙여본 적 있지 않니? 게다가 실제로 없는 것에도 이름을 붙일 수 있어. '염라대왕'이나 '페가수스' 같은 상상 속 존재들도 이름을 가지고 있지.

이 세상에 존재하지 않는 것조차 이름을 가지고 있어. 그렇다면 이 세상에 존재하는 모든 것들의 수보다 이름이 더 많이 존재하고, 아직 알려지지 않은 미지의 존재들도 우리가 이름을 붙여 주길 기다리고 있을지 몰라.

그것이 어떤 것인지 알기 위해 우리는 이름을 붙이는 거야. 그런데 세상 모든 사물에 다 이름을 붙일 수 있는 것은 이미 그 사물 내면에 이름이 숨어 있어서가 아닐까? 우리가 그것을 찾아내 이용하는 것이지.

 **[마무리] 이름은 스스로 결정하는 것일까?**

세상에는 다양한 존재가 있고, 모든 사물에는 그것을 부르는 '이름'이 있는 것 같아. 쓰치야 선생님이 처음에 말했듯 이름이 없으면 그 무엇도 전달할 수 없어서 힘들겠지. 그렇다고는 해도 어떤 것이든 이름이 있다니, 신기하지 않니?

한 사람은 이름에 두 종류가 있다고 했지. 종류를 나타내는 이름과 단 하나의 존재만을 가리키는 이름이. '나는 고양이다. 이름은 아직 없다.'로 시작하는 유명한 소설을 알고 있니? 이 고양이는 '고양이'라는 종류의 이름은 있지만, '나비'라든가 '양코'라든가 하는 그 고양이만의 이름은 없어. 이렇게 자기만의 이름을 가지고 있는 것과 그렇지 못한 것은 뭐가 다를까?

종류의 이름은 모든 존재에 붙어 있는 걸까?

다른 한 사람은 이름이 없는 종류도 많다고 했어. 아주 포괄적인 이름은 있지만, 나무가 굽어진 모양처럼 모든 것에 일일이 이름이 붙어 있지 않다고 해. 인간이 구별할 수 있는 것의 수보다 우리가 사용하는 이름의 수가 훨씬 적다는 얘기야.

또 다른 사람은 이름이 없는 것도 이름이 붙여지길 기다린다고 했어. 이름이 없는 것에 이름을 붙이는 것은 자주 있는 일이야. 무라세 선생님은 그 만물 속 사물 내면에 숨어 있는 이름을 우리가 찾아내 우리가 부르는 거라고 했는데, 이건 무슨 의미일까?

새로운 이름을 붙일 때는 이름을 붙이는 사람이 자기 머릿속에서 마음대로 생각해서 대상에 그 이름을 주고 있는 것 같지 않아? 그런데 어울리는 이름이 있고 어울리지 않는 이름도 있으니, 한편으론 이름 붙여지는 쪽이 스스로 결정하는 것 같기도 하네. 너는 어떻게 생각해?

물고기는 무슨 생각을 해요?

사람이랑 비슷하지 않을까?

물고기가 무슨 생각을 하는지를 고민하기 전에 물고기가 세상을 어떻게 보고 있을까 미루어 짐작해 보자.

물고기는 눈이 얼굴 양옆에 붙어 있어. 사람과 상당히 다른 모양새지. 카메라 렌즈 중 '어안 렌즈'가 있어. 물고기가 세상을 보는 것처럼 만든 렌즈야. 이 렌즈를 사용하면 시야는 넓어지긴 해도 상은 일그러져 보여. 물론 진짜 그렇게 보이는지 물고기에게 물어보지 않는 한 알 수 없긴 하지만 말이야. 분명한 건 우리와는 시야 넓이도, 비치는 상도 상당히 다르다는 거야. 보이는 세상이 완전히 다르니 물고기가 무슨 생각을 하는지 상상하기 힘들어.

그래도 우리처럼 물고기도 기본적인 생활 방식이 거의 비슷하지 않을까? 물고기나 인간이나 둘 다 살아있는 존재이고 밥을 먹고 똥을 누고, 적이 나타나면 도망가잖아. 물고기도 먹이를 먹지 못하면 배고프다고 느끼고, 죽을 위험에 처하면 죽고 싶지 않다고 생각할지도 모르잖아.

이렇게 한번 상상해 봐. 사람과 쏙 빼닮았지만, 밥을 먹지 않아도 배고프지 않고, 죽을 뻔한 순간에도 아무렇지 않은 우주인이 있다고. 그 우주인과 인간은 보기엔 똑같아도 생활 방식은 완전히 달라. 물고기보다 그 우주인이야말로 무엇을 생각하는지 우리로서는 알 수 없는 것 아닐까?

 **생각한다는 것은 어떤 행위일까?**

'생각하다'라는 말은 어떤 행위를 뜻할까? '여기는 덥다.'나 '화장실에 가고 싶어.'처럼 속으로 중얼거리는 행동일까?

만약 그것이 '생각하는' 거라고 한다면, 생각하기 위해서는 생각을 표현하는 말이 필요하겠네.

물고기는 인간과 같은 언어로 말하지 않고, 말할 수도 없어. 그렇다면 물고기끼리 신호를 주고받을까? 그럴지도 모르지. '적이 왔다.'나 '모두 모여.' 같은 간단한 신호는 서로 주고받고 있을지도 몰라. 그 신호를 물고기가 자기 자신에게 보내고, 보낸 신호를 스스로 보거나 듣는다면 '물고기가 생각한다.'라고 할 수 있겠지만.

그래도 역시 물고기가 생각한다고 말하기는 힘들 것 같아. 자기 자신에게 신호를 보내는 물고기가 진짜 있을까? 결론을 말하자면 물고기는 아무 생각 하지 않는 것처럼 보여. 정확히는 생각할 수 없는 거겠지.

그렇다고 말하지 못 하는 사람이 아무 생각도 하지 않는가 하면 그렇지는 않잖아. 생각한다는 건 대체 뭘까?

 ## 생각은 우리가 읽어 나가는 것

쓰치야 선생님 의견에 따르면, 물고기가 '생각'하는지 알기 위해서는 우리와 비슷한 행동을 하는지가 중요해. 하지만 인간처럼 생각하는지는 의문이야. 우리와 행동만 비슷할 뿐 아무 생각도 하지 않는 동물도 있을 것 같은데?

고노 선생님은 생각한다는 행동이 자기 자신에게 이야기하는 것이라면 물고기는 생각하지 않는다고 했어. 그러나 '여기는 덥다.'라고 생각해서 계속 '여기는 덥다.'라고 중얼거리는 사람은 별로 없지 않니?

두 사람이 무슨 말을 하고 싶은지 알 것 같아. 내 답은 두 사람의 한가운데에 있어.

예를 들어 보자. 울고 있는 아기가 무슨 생각하는지 알고 싶다면 어떻게 할래? 가만히 보고 있기보다는 장난감을 준다거나 기저귀를 갈아준다거나 하면서 이것저것 시도하겠지?

'생각'도 이것저것 시도하며 읽어 나가는 것일 거야. 중요한 건 비슷한 행동을 하는 같은 종류의 생물이라고 해서, 또, 뭔가 생각하는 것 같은 행동을 한다고 해서 그걸 '생각한다.'고 할 수는 없다는 거지. 마음속에서 혼자 중얼거리는 것도 생각이 아니고.

물고기가 무언가를 생각한다면 틀림없이 물고기끼리 신호를 주고받겠지. 그 신호를 읽어 내면 우리도 어느 정도 물고기를 이해할 수 있지 않을까?

 **[마무리] 생각을 알고 싶으면 먼저 다가가자**

물고기는 친숙한 동물이지만, 물고기가 어떤 생각을 하는지는 잘 모르지. 개나 고양이는 기뻐 보이기도 하고 화난 것 같기도 해. 하지만 물고기는 지긋이 관찰해도 유유히 헤엄만 치고 있어서 무슨 생각을 하는지 좀처럼 짐작하기 어려워.

한 사람은 물고기도 사람도 밥을 먹고 적에게서 도망치는 등 살아있는 존재로서 비슷한 생활을 하니까 생각도 비슷할 거라고 해.

반면에 다른 한 사람은 물고기는 아무 생각도 하지 않는다고 했지. 물고기는 다른 물고기와 신호를 주고받을지는 몰라도 자기 자신에게 그와 같은 신호를 보내지 않는다면서 말이야.

두 사람 의견이 정반대인 이유는 '생각하다'라는 단어의 의미를 다르게 받아들였기 때문이야. 쓰치야 선생님은 주위 상황이나 자기 몸 상태에 대한 반응, 어떤 행동을 하는 이유라고 봤지만, 고노 선생님은 마음속에서 자기에게 말을 거는 행동으로 봤지. 어느 쪽의 설명이 올바른 '생각하다'일까? 글쎄, '생각하다'라는 말은 둘 다 포함하는 것 같은데…….

무라세 선생님은 자기가 아닌 생물의 '생각'을 알기 위해서는 그저 보고만 있지 말고 생각을 알아내기 위한 다양한 시도를 하라고 했어. 생각은 단순히 마음속에 있는 것이 아니라 소통을 통해 드러나니까. 물고기가 하는 생각을 알기 위해서 우리가 무엇을 할 수 있을까? 물고기는 다른 무언가에 다가가서 무슨 생각을 하는지 알아 보려고 하기는 할까?

어른과 어린이의 마음은 다를까요?

 **마음과 나이는 아무 관계가 없어**

나는 다르지 않다고 봐. 우선 어른 하면 떠오르는 건 일할 수 있다는 것, 머리가 좋을 거 같다는 것, 어린이보다 많은 지식을 가지고 있을 거 같다는 것. 왜냐면 학교에서 쭉 공부를 해 왔고, 경험에서 얻은 지식도 있을 테니까. 하지만 이건 어른과 아이의 차이가 아니라 제대로 공부해 왔는가, 경험에서 제대로 지식을 끌어냈는가의 차이야.

공부도 경험도 시간만 많이 투자한다고 좋은 건 아니야. 같은 시간을 들여도 사람에 따라 얻는 게 다르거든.

어른이지만 마음은 아이처럼 미성숙한 상태로 남아 있는 사람도 생각보다 많아. 그런 사람들은 자기가 공부도 했고 경험도 쌓았다고 생각하지만, 사실 거기서 아무것도 얻지 못했어. 학교에 다니고, 다양한 경험을 했지만, 그 안에서 제대로 지식을 얻지 못한 거지.

반대로 어린이 중에서 공부나 경험을 통해 많은 지혜를 얻은 아이가 있을 거야. 공부나 경험이 단순히 많이 외우는 것이라면 어른이 더 많은 것을 알고 있어야 하겠지. 그러나 중요한 지식은 암기만으로 얻어지는 게 아니거든.

그러니까 너도 너무 어른을 의식하지 않아도 돼. 인생에 관해 얘기하는 건 나이와는 상관없어. 어른이 되어 가는 계단을 다 오른 그 어느 날 네가 어떤 어른이 되어 있을지는 이제부터 네가 얻을 지식에 달려있어.

 **사회가 아이 마음 그대로 있기를 바라고 있어**

무라세 선생님이 말했듯 어른과 아이 사이에 크게 다르지 않은 부분도 있는가 하면, 상당히 다른 부분도 있어. 어른이 되면 특히 인간관계가 많이 달라지지.

아이들은 친구로부터 영향을 크게 받아. 어른들은 친구에게 얽매이지 않고 만남을 이어 갈 수 있지만, 아이들은 어른보다 또래와 동떨어지는 것을 대단히 두려워해. 집단 괴롭힘은 폭력이니까 선생님이나 부모님, 경찰에게 바로 이야기하면 되는데, 입을 다물고 있는 경우도 많지? 자신에게 폭력을 쓰는 사람을 적이라고 생각하지 않는 아이도 있어. 아이들은 학교를 세상 전부라고 쉽게 생각하지만, 사실 학교는 대단치 않은 장소야. 또 여러 사람에게 심리적으로 의지하고 있어. 혼자서 행동하고 혼자서 살아갈 각오가 되어 있지 않으니까. 하지만 이건 아이들 탓이 아니야. 사회가 너희들이 아이인 상태로 있기를 요구하고 있기 때문이지.

어느 텔레비전 프로그램에서 알래스카에 사는 에스키모 소년의 생활이 소개된 적이 있어. 열세 살인데도 어른과 마찬가지로 바다표범을 사냥해서 가족을 부양하고 있었지. 그 아이는 눈빛이나 표정이 냉정하고도 단호했어. 어리광부리는 기색도 없고, 부드럽고 어른스러웠지. 하지만 보통 어른들은 아이들이 어엿한 인간으로 생활하기보다 학교에서 공부하거나 친구와 놀기를 바라지. 너희가 아이인 채로 머물러 있기 원하는 건지도 모르지.

어른은 마음에 여유가 있어

고노 선생님 의견에 찬성이야. '아이들은 학교를 세상 전부라고 생각한다.'라는 말은 정확한 지적이야. 지금 우리 사회에서는 학교와 가정이 아이들(특히 초등학생 무렵까지)이 생활하는 대부분의 장소지. 그리고 그런 사회 구조가 아이들 마음에 큰 영향을 미친다고 생각해.

아이들은 보통 학교와 집에 있어. 그 두 곳에서 자신이 어떻게 평가받는지는 아이에게 너무도 큰 문제겠지. 만약 두 장소에서 대인관계를 망치면 돌이킬 수 없을 거야. 학교에서 따돌림당하게 되면 아이는 하루의 절반을 혼자 지내는 거잖아. 그러니 많은 아이가 가족이나 친구들, 선생님이 자신을 어떻게 생각하는지 늘 걱정하고 신경 쓰고 있어. 마음의 여유를 갖기는 아주 힘든 상황이야. 고노 선생님이라면 '혼자 살아갈 각오가 안 되어 있어서.'라고 말하겠지. 하지만 아이가 마음 편히 지낼 수 있는 장소를 찾아

자기 마음대로 살기 어려우니까 그건 어찌할 수 없는 문제야.

어른도 하루 대부분을 회사에서 보내지. 어린이와 다른 점은 기분 나쁜 일이 있으면 언제라도 회사를 그만둘 수 있고, 일 이외의 장소(예를 들어 취미 동아리)에서 인간관계를 쌓을 수 있어. 한 장소에 머무르지 않고 이곳저곳에 자기가 있을 장소를 만들어서 마음의 여유를 갖기도 해. 아이들이 자유롭다지만, 어른보다는 마음의 여유가 적다는 생각이 들어.

 **[마무리] 아이는 생각이 더 자유로울 수 있어**

어른과 아이는 겉보기에는 굉장히 달라. 마음은 어떨까? 나는 아이였을 때 내가 어엿한 어른처럼 생각한다고 믿었어. 그러나 어른이 되니 어릴 때와 마음이 상당히 달라졌다고 느껴.

한 사람은 어른과 아이의 마음에는 다른 점이 없다고 했어. 공부나 경험에서 얼마나 다양한 지식을 배웠느냐에 따라 더 중요한 차이가 생긴다는 거지. 경험에서 제대로 배우지 못한 어른은 어른이 되어도 유치한 채로 있을 거고, 아직 어려도 제대로 배우는 사람은 마음이 성숙하다는 뜻이야. 지식은 그저 암기한다고 얻어지는 게 아니라는데, 그럼 어떻게 배우는 걸까?

반대로 다른 두 사람은 어린이 마음과 어른 마음이 상당히 다르다고 해. 특히 어린이는 학교를 세상 전부라고 여기기 쉽고, 학교 친구들이나 선생님 등 대인관계에 큰 영향을 받는다는 거야. 어른은 그 정도로 주위 사람들에게 영향을 받지 않지.

그런 특징은 왜 생길까? 두 사람 다 우리 사회 구조가 원인이라고 지적하고 있어. 고노 선생님은 우리 사회가 너희를 아이인 채로 머물러 있기를 바라고 있어서 그렇다고 하고, 쓰치야 선생님은 아이들에게 세상이란 집과 학교 정도라 그곳에서 대인관계에 영향을 받는 것은 당연하다고 해.

아이가 지금 당장 사회 구조를 바꾸기는 어렵겠지만, 좀 더 자신이 원하는 대로 될 수 있도록 뭔가 할 수 있는 일이 있지 않을까? 아이는 생각이 더 자유로울 수 있으니까 말이야.

정직한 사람은 손해를 볼까요?

 ## 정직함과 성실함의 차이

'정직하다'라는 말은 거짓이나 허위가 없다는 뜻이지. 내 경험에 비춰보면 정직한 사람은 득을 보게 되어 있어. 예를 들어 처음 방문한 가게에서 거스름돈을 일부러 적게 주었다고 치자. 그 가게는 돈을 더 받아서 이득을 보았겠지? 뒤늦게 알아차린 너는 다신 그 가게에 가지 않을 거야. 친구들에게 '그 가게는 거스름돈을 속이더라.'라고 알려주겠지, 모두 그 가게에 가지 않게 될 거야.

다른 사람을 속이면 처음에는 득을 봐도 나중에는 손해를 보게 돼. 몇 번이고 같은 수법으로는 속지 않으니까 점점 신용을 잃고 결국 손해를 보게 되지. 한 번 정직했다고 내내 정직한 사람인 건 아니야. 평생 정직하게 살아야 득을 보는 거지. 심리학 실험에서도 확인했다고 해.

네가 정말 듣고 싶은 이야기는 '성실하게 살아가는데 왜 손해를 볼까?'에 대한 답이지? 그건 완전히 다른 이야기야. 성실함과 정직함은 어떻게 다를까?

'성실'은 자기가 맡은 일에 그저 온 힘을 다하는 것이고, '정직'은 다른 사람을 위하는 마음에서 나오는 것이야. 그저 성실하게 살아가기만 해서는 그것이 누구를 위한 것인지 알 수 없어. 자신이 하는 일이 어떤 결과를 낳을지 생각하지 않는 사람은 때때로 어이없는 일을 당하기도 해.

 **정직한 사람은 따지고 계산하지 않아**

고노 선생님 말에 따르면 그저 성실하게만 살아가는 사람이 어이없는 일을 당하는 이유는, 자기 일을 열심히 할 뿐 그것이 어떤 의미가 있고 어떤 결과를 불러오는지 생각하지 않아서야.

거꾸로 말해 손해를 보지 않으려면 합리적으로 '사고'해야 해. 냉정하게 상황을 분석하고, 자신이 하는 일에 대한 의미와 결과를 곰곰이 생각하고, 그 생각을 바탕으로 미래를 내다보며 행동하면 손해 볼 일이 없다는 거야. 그러니까 고노 선생님은 '그저 성실하게 온 힘을 다해 살기만 하면 손해 보지 않는다.'라고 말할 수는 없다는 거지. 아니, 손해 볼 수도 있다는 말이야.

하지만 이렇게 일일이 따지고 계산하며 사는 사람은 내가 보기엔 '정직한 사람' 같지 않아. 성실하기만 할 뿐 득실을 생각하지 않는 사람이 돼선 안 된다고 고노 선생님은 말했지만, 나는 앞뒤도 득실도 따지지 않고 그저 자신이 옳다고 생각하는 바에 따라 최선을 다하는 사람이 정말 정직한 사람이라고 생각해.

진정한 손해는?

고노 선생님은 착한 일은 손해 보지 않기 위해서 하는 것이며 세상은 착하게 살다 보면 손해 보지 않는다고 했어. 쓰치야 선생님은 착한 일을 하는 것과 손해를 보지 않는 것은 사실 별개의 이야기라고 주장했지.

헛수고했다거나 손해를 봤다는 것은 무엇을 의미하는 걸까? 좀 이상하지 않아? 네가 만약 누군가를 도와주느라 학교에 지각해서 혼났다고 치자. 그러면 너는 손해를 본 거니? 나는 그렇다고 생각하지 않아. 분명 혼난 건 손해야. 하지만 실제로 손해를 보지 않았지. 오히려 지각하고 혼나는 게 싫어서 누군가를 외면했다면 인간으로서 지켜야 할 도리를 어기는 거라고 생각해.

정직한 행동, 즉 착한 행동을 하는 한 주위에서 손해 본다느니 헛수고라느니 하고 말해도 실제로는 손해 보는 게 아니지.

그러니까 난 정직한 사람이 손해 보는 일은 일어나지 않고, 또 일어날 수도 없다고 생각해.

[마무리] 속임수 없는 세상을 만들기 위해서는

'정직한 사람은 손해를 본다.'라는 말은 올바른 일을 하고자 하는 사람이 교활하고 나쁜 짓을 하는 사람보다 손해를 본다는 뜻이지. 예를 들어 학교 청소 시간에 착실히 청소하는 사람은 감독하는 선생님이 없을 때 노는 사람보다 청소를 많이 할 수밖에 없어. 스스로 숙제하는 사람은 똑똑한 사람에게 대신해 달라고 하는 사람보다 많이 틀리고 나쁜 성적을 받을지도 몰라. 이런 뜻이지?

고노 선생님은 그렇지 않다고 했어. 길게 보면 결국 정직한 사람이 득을 보기 때문이야. 속임수를 쓰면 다른 사람들의 신뢰를 잃게 된다고 했지. 그런데 그 말대로라면 딱 한 번의 속임수는 이득을 가져다줄지도 모르고, 들키지 않는 속임수라면 괜찮은 건지도 몰라. 그렇다면 그런 속임수는 써도 된다고 생각하니?

쓰치야 선생님은 고노 선생님 말이 옳다고 해도 '속임수를 써서 이득을 보고 싶어도 나중에 그보다 더 큰 손해를 볼 수 있으니 성실하게 행동해야겠네.' 같은 생각을 하는 사람은 진정한 의미에서 정직한 사람이 아니라고 했어. 듣고 보니 그 말도 맞는 것 같아.

진정한 의미에서 정직한 사람은 무엇을 생각하며 행동하는 걸까?

무라세 선생님도 '정직한 사람은 손해를 본다.'라는 말은 틀렸다고 했는데, 그 이유가 조금 달라. 꾸중을 듣거나 돈을 잃는 것보다 자기가 옳다고 생각하는 일을 하지 않는 쪽이 가장 큰 손해라는 거야. 그러니까 정직하게 신념을 지켜 나가는 사람은 절대 큰 손해는 보지 않는다는 말이지. 그렇고말고.

그런데 너무도 훌륭한 일이라 자신도 그만큼 정직할 수 있을지 고민하다 보면 자신감이 사라져 버리지. 작은 손해가 계속 쌓이고 쌓이면 좋은 마음이 지고 말아 슬며시 수를 쓸지도 몰라. 넌 어떻게 생각해?

한마디 더 하자면 '정직한 사람은 손해를 본다.'라는 말은 '그러니까 자꾸 속임수를 쓰자.'라는 의미가 아니라, '정직한 사람은 손해 보고 나쁜 사람은 득 보는 세상이 되어서는 안 된다.'라고 분명하게 타이르는 말로도 쓰여.

정직한 사람이 나쁜 사람보다 확실히 득을 보는 세상을 만들기 위해서는 어떻게 하면 좋을 것 같아? 넌 어떻게 할 거니?

어떤 게 행복일까요?

 **행복은 일상 속에 있어**

이 질문에 대해 생각하려고 내 생활을 찬찬히 돌아봤어. 그러면서 지금 나는 그럭저럭 행복하다는 것을 새삼 깨달았지. 하고 싶은 일을 하고 정말 하기 싫은 일은 되도록 하지 않는 생활을 하면서, 나름대로 자유롭게 살고 있으니까 말이야.

물론 이렇게 살아가기 위해 노력도 많이 해서 평소에는 행복하다는 걸 실감하지 못했어. 매일 해야 할 일을 마치는 것만으로 지쳤거든. 일을 마치고 욕조에 앉아 휴식을 취할 때 행복하다고 느끼긴 하지만, 그 느낌은 '기분이 좋고 편한' 감정일 뿐 진짜 행복과는 좀 다른 것 같아.

'기분 좋다' '편안하다' 같은 말은 순간적으로 느끼는 감정을 나타내지만, 행복은 그런 감정과는 좀 달라. 너무 당연해서 평소에는 특별하게 느끼지 못했던 무언가에 새삼 그게 바로 행복이라고 알아차릴 때가 있어. '매일 밥을 먹을 수 있어서 행복하다.'라든가 '가족이 모두 건강해서 행복하다.'처럼 말이야. 이렇게 생활을 돌아보며 자신이 중요하게 생각하는 것이 무엇인지 다시 한 번 생각해 볼 때 행복이 비로소 생생하게 느껴지는 것 아닐까?

 ## 무엇을 소중히 여기며 살아갈 것인가?

사람은 행복해지기 위해 살고 있어. 행복이 살아가는 이유와 관계있다는 말이야. 행복은 사람마다 달라서 정해진 형태는 없어. 자신이 스스로 결정한 '인생에서 가장 소중한 일'을 할 때 행복하겠지. 바꿔 말하자면, 자기가 행복하다고 느끼는 것을 할 때 행복하다는 얘기야.

주위에서 보면 '왜 저런 일을 할까, 힘들 텐데 그만두지그래.' 하며 말리고 싶은 인생 목표를 가진 사람이 있어. 만나는 사람마다 한 마디씩 던져 고민될지도 모르지만, 주위 시선 같은 건 행복이랑 관계없어. 아무도 칭찬해 주지 않을 때도 엄청난 찬사를 받을 때도 마찬가지야.

그런 것과 행복은 정말 아무 관계도 없어. 무언가를 위해 살아갈 수 있는 게 중요해. 그럼 충분히 행복한 거야. 자기에게 가장 소중한 것이 무엇인지 알고 있는 셈이니까.

자기에게 무엇이 가장 소중한지를 아는 것은 대단히 가치 있는 일이야. 그걸 알기만 해도 행복하다고 할 수 있을 만큼 아주 중요한 일이지.

# 다른 사람과 비교할 수 없어

간단히 생각해 보자. 행복하다고 느낄 때는 얼마든지 있지. 기분이 좋거나 즐거울 때 그렇잖아. 빨아서 뽀송뽀송해진 이불 속으로 들어갈 때, 놀러 가서 바비큐 파티를 할 때, 산 정상에서 차가운 물을 마실 때, 책을 읽다가 문득 깨달음을 얻었을 때 등등. 한두 개가 아닐 거야. 어렵지 않게 찾을 수 있어.

쓰치야 선생님은 편한 것과 행복한 것은 다르다고 했지만 나는 그렇게 다르지 않다고 생각해. 즐거운 일을 하고 있을 때 문득 행복하다고 느끼지 않니? 즐거움을 조금 더 길게 느낄 때를 행복하다고 하는 것 아닐까?

오히려 다른 사람과 비교하면 자신이 행복한지 아닌지 판단하기 어려워져. 예를 들어 내가 밥을 맛있게 먹고 있는데 옆에 돈이 없어서 밥을 못 먹는 아이가 있다면 그 밥이 여전히 맛있을까? 아마 아닐 거야. 옆에서 누가 '내 밥이 더 맛있는데?'라고 말해도 맛이 없겠지. 이럴 때는 행복하지 않아. 자신이 진짜 행복한지 알아차리기도 어렵지만, 타인의 행복이나 불행을 어떻게 생각할지가 정말 어려운 거 아닐까?

한 가지 해결법은 타인과 비교하지 않는 것. 자신의 기분과 감정에만 집중하는 거지. 또 다른 방법은 다른 사람의 행복을 생각하는 거야. 그러면 다른 사람이 행복할 때 자신 역시 행복하다고 느낄지 몰라.

[마무리] 행복에는 여러 종류가 있어

'행복'이란 정말 멋진 말이야. 그래서 일상생활 속 어떤 일로 행복하다고 말하면 좀 호들갑 떠는 것 같은 느낌도 들어. 너무 멋지고 소중한 말이다 보니 이걸 행복이라고 불러도 좋은지 헷갈릴 때도 있거든. '행복'은 어떤 걸까? 다시 생각해 보자.

한 사람은 자신의 생활을 돌아보면서 평소에는 당연하게 지나치긴 했지만, 순간순간이 참 좋았다고 떠올린다면 그때가 행복한 거라고 했어. 나중에 돌아보며 느끼는 행복. 그것이 쓰치야 선생님이 말한 행복이야. 다른 한 사람은 인생에서 가장 소중한 것을 할 수 있을 때가 행복이라고 했어. 그러려면 우선 자기에게 무엇이 소중한지 알아 두는 것이 중요하겠지?

쓰치야 선생님과 무라세 선생님은 의견이 상당히 다르지만, 무언가를 하는 그 순간에만 행복이 있는 게 아니라 그 전후로 연결해서 행복을 느낀다는 공통점이 있어.

그와 달리 고노 선생님은 무언가를 할 때 느끼는 '즐거움' '기분 좋음'이 그대로 행복이라고 해. 그러면서 그런 단순한 행복도 다른 사람의 행복이나 불행과 비교하면 판단을 내리기 어려워진다고도 했지. 그래서 타인과 비교하지 말고 자신의 느낌에만 집중하라고 했지. 고노 선생님이 말한 지금 자신에게 집중하는 행복과 쓰치야 선생님과 무라세 선생님이 말한 과거에서 미래의 자신에게로 이어지는 행복, 이 둘은 동시에 존재할 수 있는 걸까?

나이를 먹으면 왜 노망이 날까요?

 **'알 수 없게 된다'는 것**

노망이 난다는 건 치매 같은 병에 걸린다는 의미니? 나이가 든다고 모두 치매에 걸리지 않아. 오히려 어린 나이에 치매에 걸리는 사람이 있지. 원인이 분명할 때도 있고, 분명하지 않을 때도 있어. 네가 원하는 답은 이게 아니지?

질문에서 '노망'에 대한 두려움이 느껴지네. 난 그 이유에 대해 생각해 볼까 해.

'노망'이라는 뿌리에 '알 수 없게 되는 것'에 대한 두려움이 있지 않니?

단순하게 알지 못하는 거라면 지금도 그런 게 많으니까 두려울 거 없어. 하지만 이제까지 알고 있던 것을 알 수 없게 된다면 두려울 수밖에 없겠지. '알고 있었는데 모르게 되었다.'라는 것은 결국 '잃어버리는 것'과 비슷해. '잃어버리는 것'과 원래부터 '없는 것'은 다르니까. 원래 있던 것만 잃어버릴 수 있는 거잖아. 즉 알 수 없게 된다는 건 알 수 없다는 것과 다른 독특한 두려움이 있어.

자기 자신을 잃어버릴지도 모른다는 두려움

치매는 뇌 질환이야. 그러나 무라세 선생님 말처럼 나이가 들었다고 해서 이 병에 걸리지 않아. 아무리 나이를 먹어도 뇌가 건강한 사람은 자질구레한 것은 잊어도 소중한 사람이나 사건을 기억하거든. 성격도 변하지 않고 생각도 또렷이 할 수 있어.

그런데 내 친척 중에 치매에 걸린 삼촌이 있는데 말이야, 예전에 그렇게 자주 함께 놀았으면서도 내가 누구인지 완전히 까먹었고, 조금 전에 한 말도 기억하지 못해. 곧잘 화를 내기도 하고 성격도 변했어. 같은 사람인데도 전혀 다른 사람이 되어 버린 듯한 느낌도 들어. 무서운 일이지. 가끔 지나간 일을 떠올려 말씀하실 때도 있어. 그런 때는 예전에 의지할 수 있었던 삼촌으로 돌아간 것 같아. 병이 삼촌을 조금씩 갉아먹고 있다는 기분이 들었어.

자신이 점점 자기 자신이 아니게 되는 느낌, 자신을 잃어 가는 느낌. 그것이 우리가 이 병을 두려워하는 이유겠지.

어쩌면 망각은 멋진 일일지도

무라세 선생님과 고노 선생님은 노망이 들면 무섭다고 생각하는 모양이네.

나도 얼마 전 치매에 걸린 삼촌과 오랜만에 만났어. 어릴 적부터 줄곧 나를 귀여워하며 놀아주던 분인데, 인사를 했더니 나를 완전히 잊어버린 것 같았어. 더 충격적인 것은 그날이 숙모 장례식이었는데, 삼촌은 자기 부인이 관에 들어가는데도 누가 죽었는지 모른 채 시신을 보며 "이 사람은 누구니?" 하고 물었어. 그때는 정말 뭐라 말할 수 없는 슬픔이 북받쳐 올랐지.

그러나 그 감정은 내가 느낀 것에 불과해. 정작 삼촌은 지극히 편안하고 즐거워 보였거든. 그렇다면 치매가 삼촌에게 정말 무섭고 괴로운 병일까?

'치매'가 병이라면, 어쩌면 우리 모두는 '기억증'이라는 병에 걸린 환자일지도 모른다고 말하는 사람도 있어. '기억'할 수 있어서 과거에 사로잡혀 괴로워하고, 그것 때문에 때때로 몸도 마음도 망가져 버린다는 거야.

처음 들었을 때는 별소리를 다 한다고 여겼지만, 곰곰이 생각하니 한편으론 인생의 마지막에 기억에서 해방되어 모든 것을 잊는 것도 괜찮지 않을까 하는 생각도 들긴 하더군.

 **[마무리] 망각에 대한 두려움은 기억에 관한 물음으로 이어진다**

치매라는 질병에 걸리면 '노망이 났다.'고 하지. 치매는 소중한 가족이나 친구, 귀중한 추억을 까먹게 만들어. 성격도 변할 수 있

어. 주로 노인이 걸리는 병인데, 단순히 기억력이 나빠져서 잘 까먹게 되는 것과는 전혀 다르지.

세 사람은 이 병을 어떻게 이해하고 어떻게 대처할지 생각하고 있어. 치매는 특유의 두려움을 불러일으킨다는 것이 고노 선생님과 무라세 선생님 의견이지. 무라세 선생님은 지금까지 알고 있던 것을 모르게 되는 두려움, 고노 선생님은 자기 자신이 아니게 되어가는 것을 느끼는 두려움이 있다고 말했어.

그에 비해 쓰치야 선생님은 잊어버리는 것이 꼭 나쁘지 않다고 했지. 살다 보면 괴로운 나머지 차라리 잊는 것이 속 편한 일도 많아. 그런 기억도 함께 잊어버리는 거니까 치매에 걸리는 본인은 오히려 행복할지도 모르지. 하지만 좋은 추억도 잊어버리니까 여전히 무섭기도 해.

세 사람 이야기를 들어 보니 치매라는 병을 이해하려면 '기억'에 대해 잘 생각해 볼 필요가 있어. 살면서 겪은 여러 가지 사건이나 만났던 사람들을 기억하는 것은 우리에게 어떤 의미를 지닐까? 자신의 인생에 관한 다양한 일을 기억하는 것은 내가 나라는 것을 아는 것과 어떤 관계가 있을까? 소중한 누군가를 잊어버리는 두려움과 누군가에게 잊히는 슬픔은 서로 관련이 있을까? 이런 많은 질문이 치매에 관한 물음과 이어져 있어.

왜 생각하고 싶지 않은 것들이 자꾸 생각날까요?

 **기분전환을 해 보자**

어떤 기분인지 알고말고! 생각하기 싫은데 자꾸 그 일만 계속 생각날 때가 있어. 왜 그럴까?

두 가지로 나눠서 생각해 보자. 하나는 생각해야 할 문제가 있는 경우. 예를 들어 시험 전에는 나쁜 결과만 상상하게 되지. 이 경우는 침착하게 문제를 읽거나 어떻게 공부를 할 것인지 생각할 수밖에 없어. 이처럼 생각해야 할 문제가 있다면 싫어도 생각할 수밖에 없지. 문제가 내게 와서는 자기를 생각해 달라고 닦달하는 느낌이야.

하지만 이런 경우가 아닐 때도 있어. 진짜 문제가 있어서 생각해야 한다면 찬찬히 풀어 나가면 되지만, 생각하기 너무 괴롭다거나 이유도 없이 머리가 복잡할 때도 있어. 싫은 일이 차례차례 머릿속에 떠올라서 생각하지 않을 수 없는 경우 말이야.

안타깝게도 우리는 생각을 자기 마음대로 조절하지 못해. 이런 때는 생각할 수 없는 외부 환경을 만드는 게 좋아.

내가 언젠가부터 라디오를 듣게 된 것도 그 때문이야. 몸을 움직이는 것도 좋아. 나는 사람들이 이야기하는 것을 듣는 게 효과가 있었어. 라디오에서 흘러나오는 이야기를 듣고 있으면, 내 머릿속도 그 이야기로 가득 차서 한동안은 아무 생각 없이 있을 수 있었어. 그래서 난 이 방법을 추천해.

 **자신을 괴롭히지 마**

건강한 몸으로 병에 걸릴까 걱정하고, 불이 나면 어떻게 해야 할지 자기도 모르게 고민하고 있니? 그런 걸 걱정을 사서 한다고 하지. 무라세 선생님 말처럼 일어날 가능성이 있는 일, 예를 들어 지진이 나면 어디로 대피할지 생각해 두는 건 중요해. 미리 생각해서 대비하는 것은 중요하고 필요한 일이지.

그러나 거의 일어날 가능성이 없는 일을 걱정하고 계속해서 생각하는 것은 자기 자신을 괴롭히는 거나 마찬가지가 아닐까.

혹시 넌 즐겁거나 행복한 일이 있을 때 '난 더 힘들고 괴로워야 하는데.' 하고 생각하지는 않니? 누군가가 안 좋은 일을 겪고 있는 걸 마치 자기 탓인 양 쓸데없이 자신을 책망하는 사람이 있어. 그게 바로 걱정을 사서 하는 사람이야. 나쁜 짓을 하지 않은 자신을 공연히 벌 주는 게 아니고 뭐겠어.

잘 생각해 봐. 네가 힘든 생각을 한다고 해서 기뻐하는 사람이 있는지. 오히려 널 걱정하는 사람이 있을 거야. 타인을 괴롭히는 것도 나쁘지만 자기 자신을 괴롭히는 것도 좋지 않아.

 **조절할 수 없는 일**

고노 선생님 말에는 확실히 고개를 끄덕이게 되는 부분이 있어. 하지만 걱정을 사서 하는 사람이 고노 선생님 말을 듣고는 바로 '그래, 오늘부터는 쓸데없는 걱정을 하지 말자.'라고 결심했다고 한들, 생각하고 싶지 않은 것들을 거기서 딱 그치게 될 것 같진 않아.

이 점에서 나는 생각은 마음대로 조절할 수 있는 게 아니라는 무라세 선생님 의견에 더 공감해. 무언가를 생각하고자 마음먹고 생각할 때도 있지만 '생각'은 보통 갑자기 마음속에 떠오르거나, 일방적으로 '덮쳐' 오거든. 생각하고 싶지 않은 것을 생각하는 것은 갑자기 배가 아픈 것과 비슷해서 그냥 그렇게 되는 원인이 있을 뿐이야.

극단적인 예로, 싫은 일이나 걱정스러운 일로 머리가 꽉 차서 침대에서 일어날 수 없고 아무 일도 할 수 없다면, 그 사람의 마음은 스트레스로 완전히 지쳐서 병에 걸렸을 가능성이 있어. 뇌에 이상이 생겼기 때문에 생각하고 싶지 않은 일을 생각하는 것일 수도 있다는 말이야.

그런 때는 병원에서 치료받으면 걱정거리로 엉망진창이 된 상태에서 벗어날 수 있을 거야. 이런 일로 병원에 가는 건 조금도 이상하지 않아. 배가 아프면 병원에 가서 약을 먹고 아픔을 가라앉히는 것과 똑같은 일이야.

 **[마무리] 생각한다는 것은 무엇일까?**

'생각'은 내가 하는 거니까 스스로 통제할 수 있을 것 같지만, 생각이 잘 떠오르지 않거나 하고 싶지 않은 생각으로 머리가 가득 찰 때가 있어. 왜 그럴까?

세 사람은 각자 다른 원인을 이야기했어. 무라세 선생님은 자기 생각이라도 온전히 통제할 수는 없다면서 생각하고 싶지 않은 게 떠올라도 어쩔 수 없다고 해. 대신 다른 일로 머리를 가득 채우는 방법도 좋다고 했지. 효과가 있는지 한번 시험해 봐.

고노 선생님은 '나는 더 힘들어야 해.'라는 마음이 있다면, 그 마음 때문에 싫은 일이나 걱정거리가 머리를 가득 채울 수 있다고 했어. 자기 자신을 그만 괴롭히고 즐거운 생각을 하려고 노력해야겠지?

쓰치야 선생님은 뇌와 마음도 다른 신체 부위와 마찬가지로 병에 걸리기 때문에 우울한 생각만 들 수도 있다고 했어. 맞는 말이야. 무라세 선생님이나 고노 선생님이 알려준 방법을 써 봐도 효과가 없고 괴롭기만 하다면 의사 선생님과 상담해 보는 것도 좋은 방법이야.

그건 그렇고, 이렇게 생각해 보니까 '생각'은 마음대로 조절할 수 있는 게 아니네. 혼나는 와중에 딴생각이 나서 웃음이 터지거나, 같은 노래가 계속 머릿속을 맴도는 일도 있잖아. 반대로 스스로 조절할 수 있는 생각이 있을까? 어떤 걸까?

왜 사람이 사람을 죽일까요?

 **그게 직업이라 어쩔 수 없이 죽이기도 해**

세상에는 여러 가지 이유로 타인을 죽이는 사람이 있어. 누군가를 원망한 나머지 그 사람이 없어지기를 바라는 사람이 있다고 하자. 그래서 화난 나머지 자기도 모르게 싸우던 상대가 죽을 정도로 주먹을 휘두르는 사람도 있지. 또 누군가가 가진 돈이나 지위가 탐나서 사람을 죽이는 경우도 있어.

하지만 이유 없이 살인을 하는 사람도 있어. 그냥 재미있을 것 같아서 사람을 죽이는 사람도 있고, 죽고 싶은데 자살은 못 하겠으니 사형을 받겠다며 사람을 죽이는 사람도 있고 말이야. 고작 자기 기분이 나쁘다는 이유만으로 사람을 죽이는 사람도 있지. 슬프고 무서운 일이지만 우리 주변에서 종종 실제로 일어나.

사람이 사람을 죽이는 이유는 또 있어. 전쟁에서 이기기 위해 적군을 쏘기도 해. 경찰관도 범인이 누군가를 죽이려고 한다면 그 사람을 지키기 위해 어쩔 수 없이 범인을 쏘겠지. 죄를 저지른 사람에게 사형을 집행하는 사람도 있어. 이런 식으로 사회를 위해 사람을 죽이는 사람도 있어.

만약 너에게도 위와 같은 이유가 생긴다면 사람을 죽일 수 있을까? 나는 어떻게 대답해야 할지 모르겠어.

 ## 죽이는 무서움을 뛰어넘는 뭔가가 있겠지

사실 나도 이 물음에는 아무런 답도 떠오르지 않아. 물론 그렇다고 해서 아무렇게나 말할 생각은 없어.

누군가가 죽이고 싶을 정도로 미워지는 것은 이해할 수 있어. 그 정도로 사람을 증오하는 일은 드물겠지만, 누군가에게 철저하게 괴롭힘을 당했다든지 소중한 사람이 눈앞에서 무참히 살해당했다면 상대를 진심으로 죽이고 싶지 않을까?

그렇다고 해서 그 감정이 어떻게 진짜 '살인'이라는 행위로 이어지는지 실감이 안 나. 상대가 너무도 증오스러워서 죽이고 싶어져도, 정말 사람을 죽이는 건 할 수 없을 것 같아. 아마 누군가를 죽인다는 공포 때문에 몸이 딱딱하게 굳어서 손가락 하나 움직일 수 없을 거야.

자살도 마찬가지야. 깊게 절망해서 죽고 싶은 마음이 들었더라도 실제로는 몸이 움츠러들어서 자살하지 못할 거야. 타인이나 자기 자신을 실제로 '살해'하는 단계까지 가기 위해서는 본능적인 거부 반응을 억누를 무언가가 필요할 텐데, 그게 뭔지 나는 잘 모르겠어.

 ## 저마다 자기 나름대로는 이유가 있을 수도

　나 역시 쓰치야 선생님 말처럼 죽이고 싶다는 강한 충동을 느꼈더라도 정말 죽일 수 있을지는 모르겠어.
　그런데 좀 이상한 말이긴 하지만 정말 사람을 죽이려면 연습이 필요해. 군인도 갑자기 전쟁터에 나가지 않아. 적에 맞서 싸울 수 있게 몸과 마음을 훈련한 다음 전쟁터로 나가지.
　하지만 고도 선생님이 말한 예처럼 이유 없이 살인을 하는 경우도 있는데, 그건 준비나 연습하고는 상관없어.
　평범한 생활 속에서 사람을 죽일 이유는 웬만하면 생기지 않아. 범인이 아무리 이유 있는 행동이라고 주장해도 주위 사람들은 이해하지 못할 거야.
　하지만 전쟁을 해야 하는 경우라면 어때? 어쩔 수 없는 상황이라면 누군가를 죽여도 된다고 생각한 셈이지. 자기가 군인이 되어서 사람을 죽일 수도 있고, 군인이 되지는 않더라도 군인을 지지한다면 찬성하는 것과 마찬가지지. 사람이 사람을 죽일 때는 그럴 만한 이유가 있을 수 있어. 자기 자신이나 소중한 사람이 공격받아 목숨이 위험하다고 느낄 때가 그런 경우 아닐까.
　그렇다면 주변에서 봤을 때 타당하지 않은 끔찍한 살인 사건이 어쩌면 범인에게 있어 소중한 사람이 위험하다고 느껴서 생긴 사고였을지도 몰라.
　물론 착각이겠지만, 범인은 그게 진짜 정당한 이유라고 믿을 거야. 이렇게 보면 세상의 모든 전쟁은 '착각'에서 비롯된 것일지도 몰라.

[마무리] 누구나 가지고 있는 가능성 중 하나

이 질문을 생각한 너는 사람을 죽이는 사람은 자신과 너무 달라서 이해할 수 없다고 생각하는 것 아니니? 그런 사람이 자기 주변에는 절대로 없다고 믿으면서 말이야. 하지만 꼭 그렇지만은 않아.

예를 들어 사형제도라는 건, 많은 국민이 '나쁜 짓을 한 사람 중에는 세상에서 완전히 사라지는 게 나은 사람도 있다.'라고 생각해서 존재하는 제도야. 실제로 형을 집행하는 사람은 형무관이지만, 사형 명령을 내리는 사람은 국민이야. 즉 네 부모님이나 이웃 어른 그리고 너 자신이지.

고도 선생님이 말했듯 경찰관이나 군인처럼 누군가를 지키기 위해 사람을 죽여야만 하는 경우도 있어. 하고 싶지 않더라도 임무니까 하는 거지. 평범한 사람이 임무나 의무를 수행하느라 사람을 죽일 수 있다는 거야. 이 사실을 잊어서는 안 돼.

텔레비전에서 크게 보도되는 범죄자 대부분은 분을 못 이겼거나 원한 때문에 살인을 했어. 돈이 필요해서 사람을 죽이는 사람도 있지. 이런 사람들 역시 사람을 죽이는 것이 나쁘다는 것을 모르는 건 아니야. 도저히 상대를 용서하지 못하거나 자기에게 다른 사람을 죽일 권리가 있다고 믿어서 그런 행동을 한 거지. 생각만으로도 무서운 일이지만, 너도 가족이나 소중한 사람이 살해당한다면 범인을 죽여 버리고 싶을지도 몰라.

사람을 죽였다면 저마다 나름대로는 이유가 있겠지. 그렇게 될 수밖에 없었던 인생의 사연이.

그 사람들의 입장이나 생각을 이해하도록 노력하면서 돌이킬 수 없는 흐름에 빠지지 않도록 도와주는 것도 중요하지 않을까.

 2장을 읽고 떠오르는 질문이나 생각, 느낌을 써 봐.

네 생각과 통해서 기억해 두고 싶은 문장을 여기에 써 둬도 좋겠지.

아니면 마음대로 그림을 그려도 좋고, 물론 비워 둬도 상관없어.

'어떻게 태어났는가?'와 '무엇 때문에 존재하는가?'는 비슷해 보이는 질문이지만 완전히 다른 이야기야. 다들 곧잘 헷갈리는 질문이지. 원숭이를 닮은 선조로부터 조금씩 인간이 진화해 왔다는 사실은 박물관에 가면 자세히 설명되어 있어. 하지만 인간이 무엇 때문에 존재하는지는 어떤 박물관에 가도 답을 찾을 수 없어.
    왜 '인간'은 존재하냐고 물었지만 정말 알고 싶은 것은 '너 자신'이 존재하는 이유 아닐까?

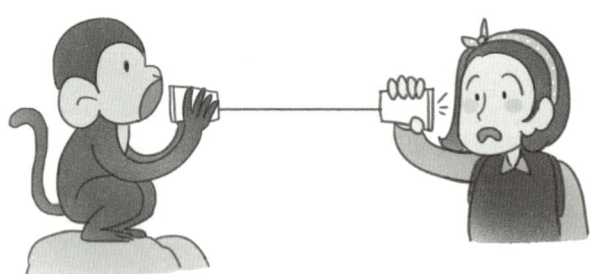

3장

이 세계 밖으로

사람은 왜 사나요?

 ## 사는 것 자체가 목적

'왜?'라고 물어보아도 대답하기 어려운 문제네. 정신을 차려 보니 태어나 있었고, 심장도 저절로 움직이고 있으니까 말이야. 왜 사는지는 몰라도 살고 있어. 그러니까 이런 의문은 분명 아주 중요한 건 아닐 거야.

네가 한 질문은 살아가는 것에 어떤 의미가 있는지를 묻고 있는 거지? 넌 자신이 그냥 살아 있는 것이 아니라, 삶에 의미를 주는 목적이나 이유가 있을 거라고 생각하고 있어. 그렇지?

그런 때는 산속에서 캠핑을 한번 해 봐. 일상생활에서 쉽게 얻을 수 있는 물이나 음식, 숙소를 산속에서 구하는 것은 여간 어려운 일이 아니라는 걸 금방 알게 될 테니까 말이야. 마실 물을 찾아서 운반하는 것만 해도 큰일이야. 높은 산이나 숲속에서는 먹을 것을 찾는 것도 만만치 않지. 맞아. 산속에서는 그냥 살기만 하는 것도 벅찰 거야.

도시에서도 병에 걸리거나 다치면 살아가는 것 자체가 매일의 목표가 되지. '사람은 왜 사는 걸까?'라는 질문은 사는 게 편해서 나오는 질문이야. 사는 것 이상의 무언가를 하고 싶고, 사는 것 외에 다른 어떤 목적이 있을 것 같다는 생각이 든 거지.

하지만 난 사는 것에는 사는 것 이상의 목적이나 의미는 없다고 생각해. 사는 것 이외의 목적은 있어도 좋고 없어도 그만인 거야. 그러니까 나는 그저 살아가는 것으로 만족해. 그것으로 충분하거든.

 ## 행복해지기 위해

평소에는 왜 사는지 생각하지 않은 채 살고 있고, 고노 선생님 말처럼 살아가는 것 자체가 목적인 것처럼 느껴질 때도 있어. 하지만 삶에 의미를 주는 다른 목적이나 이유가 필요해질 때도 있고 실제로 그런 이유는 있다고 생각해.

예를 들어 행복이나 즐거움이 목적이나 이유가 될 수 있어. 즉 사람은 행복해지기 위해 살고 있고 즐거우니까 살아 있다는 얘기야.

오해하면 안 되는 게, 이런 행복이나 즐거움이란 밥을 먹어서 배가 부를 때 느끼는 기분 좋음과는 달라. 남들 눈에는 힘들어 보이고 실제로도 상당히 어려운 상황에 부닥쳤을 때라도 행복을 느끼거나 즐겁다고 생각할 수 있어. 즉 사람은 행복해지고 싶거나 즐거우니까 산다는 얘기야. 바로 그런 행복함이나 즐거움이 살아가는 목적이나 이유가 될 수 있어.

물론 어떨 때 그런 느낌이 드는지는 사람마다 다를 거야.

너에게도 그런 무언가가 있을 테니까 언젠가는 꼭 발견할 수 있을 거야.

그런 게 없는 사람이나 발견하지 못한 사람은 어떻게 하냐고? 물론 그런 사람은 살아가는 이유가 없는 셈이 되지. 하지만 '사람은 왜 사는가?'라는 물음에 어떤 대답을 내놓든 들어맞지 않는 사람은 있을 거야. 모두에게 맞는 대답은 아마 없지 않을까?

살아온 결과에 행복이 있어

삶에 이유나 목적이 있냐는 물음에 무라세 선생님과 고노 선생님은 서로 다른 의견을 내 놓았어. 고노 선생님은 사는 데 이유나 목적 같은 건 없고, 사는 것 그 자체가 목적이라고 했어. 무라세 선생님은 행복해지는 것이 사는 목적이라고 했고.

하지만 나는 행복해지기 위해 산다고 생각하지 않아. 왜냐하면, 행복해지는 것이 인생의 목적이라면 그렇게 되기 위해 온 힘을 다해 노력해야 할 것 같고, 더욱더 행복해지기 위해 남과 경쟁해야 한다면 피곤하기만 하지. 그건 하나도 즐거운 인생 같지 않거든.

그리고 행복이란 것이 갖고 싶다고 가질 수 있는 걸까? 좋아하는 일을 열심히 하거나 즐겁게 놀면 행복하다고 느낄 수 있지만, 그건 어디까지나 결과일 뿐이지. 처음부터 '난 지금부터 행복해지겠다.' 하고 생각한 후 좋아하는 일을 하거나 노는 건 아니잖아.

그러니까 행복해지는 건 살아가는 '목적'이 아니라 살아온 '결과'라는 게 내 생각이야. 그래도 이런 '결과'를 얻기 위해서는 고노 선생님 말처럼 '그저 살아가는 것'만으로는 부족하다는 생각이 들어. 그럼 어떻게 하면 되냐고? 아직 나는 잘 모르겠어.

 **[마무리] 어떻게 살고 싶은가?**

'사람은 왜 사는가?'라는 질문에 대답하기 위해서는 아무래도 다른 여러 가지 물음도 함께 생각해야만 할 것 같아.

고노 선생님과 무라세 선생님은 '삶에 목적이나 이유는 있는 걸까?'라는 물음을 생각하고 있어. 고노 선생님은 목적도 이유도 없다고 했지만, 무라세 선생님은 목적도 이유도 있다고 했지. 어느 쪽이 옳은 걸까?

목적도 없이 그저 살기만 하는 건 무언가 좀 부족한 느낌이 들어. 그렇다고 어떤 목적을 위해 열심히 살아가는 것도 너무 힘들 것 같아. 살아갈 목적을 잃어버릴지도 모르니 약간 불안해지기도 해. 역시 목적이나 이유는 필요 없는 걸까?

무라세 선생님과 쓰치야 선생님은 '행복해지는 것과 살아가는 것은 무슨 관계가 있을까?'라는 질문을 함께 생각하고 있네. 무라세 선생님은 행복해지는 것이 살아가는 목적이고, 우리는 행복해지기 위해 살아간다고 했어. 하지만 쓰치야 선생님은 살면서 좋아하는 일을 하거나 즐겁게 노는 것이 바로 행복이지, 행복이 목적이라는 생각은 잘못됐다고 하고 있어. 쓰치야 선생님 말대로 행복해지기 위해 지나치게 노력하고 무리하면 거꾸로 인생이 불행해질 것 같아. 그러나 목적을 이루기 위해 노력하고 있으면 행복하다는 느낌이 들 때도 있어. 잠깐, 애초에 행복이란 뭐지?

왜 살아가는가를 생각하다 보니 모르는 게 늘어났어. 너는 왜 살고 있니? 무엇을 위해, 어떤 식으로 살아가고 싶니?

'무'는 어떤 공간이에요?

 **아무것도 '없다'가 '있다'**

무(無)라는 것은 정말 이상해. 아무것도 없다는 것이 대체 어떤 의미일까? 무는 어떤 공간이야?

이런 의문은 네가 물건 하나 없는 공간을 상상하고서 그곳은 대체 어떤 공간일까 하고 생각한 건지도 모르겠어. 그렇다면 너는 진정한 '무'를 상상하지 못한 거야. 그 상상에 따르면 안에 물건은 하나도 없지만, 담는 그릇인 공간은 '있는' 거잖아. 마치 상자 안에 물건이 없어도 상자 자체는 '있는' 것과 마찬가지로.

무는 공간도 없는 세계일까? 애초에 공간이 없는 세계를 상상할 수 있을까? 어쩌면 무는 인간이 상상조차 할 수 없는 세계인지도 몰라. 아니, 이런 대답도 정확하지 않아. '무'는 '인간은 상상조차 할 수 없는 세계'로서 '있는' 셈이 되니까.

이렇게 생각해가면 무를 '아무것도 없는 것'이라고 정의해도, 그렇게 표현하자마자 무는 그런 식으로 '있는' 것이 되지. 그렇다면 무라는 것은 애초에 표현하거나 이야기하는 것조차 불가능한 것이 아닐까?

 **언어로만 '있을' 뿐**

현대 물리학에서는 '공간'을 텅 빈 그릇 같은 게 아닌 눈에 보이지 않는 다양한 힘이 작용하는 '장'으로 보고 있어.

자석의 힘이나 인력은 눈으로 볼 수 없어. 그런 보이지 않는 힘이 작용하는 장이 공간이라는 거야. 물리학이 옳다면 공간은 사실 아무것도 없는 무는 아니지. 쓰치야 선생님 말이 옳아. 정말 아무것도 없는 것이 무라면 무는 공간조차도 아니어야 하지.

'우주가 시작되기 전 아무것도 없었던 공간은 어떤 곳일까?'라는 의문을 가지고 있어서 이런 질문을 한 것 같구나. 우주가 시작되기 전이란, 머리로 생각할 수 있을 뿐 실제로는 존재하지 않는다고 생각해. '우주가 시작되기 전의 공간'이라니 '북극의 북쪽'처럼 들리는걸. 말로는 표현할 수 있지만, 북극보다 북쪽은 존재하지 않아. 가장 북쪽에 있는 장소를 북극이라고 하니까 말이야.

나는 무라는 것을 '동생이 (집에 있어야 하는데) 없다.' '과자가 (있어야 하는데) 없다.'와 같이 '~가 없다.'는 식으로 무언가를 부정하는 명사라고 생각해. '사실은 있어야 하는데 없다.'라는 내용을 '없음이 있다.'라는 식으로 잘못 바꿔 말한 거야. 무는 인간이 생각한 언어상의 존재에 불과하고 '없음이 있다.'라는 표현은 이상해. 그러니까 아무리 생각해도 답은 나오지 않을 거야.

'없음'이 '있는' 것은 한순간

쓰치야 선생님과 고노 선생님이 말한 것처럼 무는 아무것도 없는 거야. 즉 '있는' 무언가가 없다는 얘기지. 그렇다면 '있다'를 계속 지워나가면 무가 되는 게 아닐까? 예를 들어 흰 종이에 연필로 선을 그었다고 치자. 그렇다면 종이에는 '선이 있다.'라고 할 수 있지. 그 선을 끝에서부터 조금씩 지우개로 지워가면 어떻게 되니? 점점 선이 짧아지다가 나중에는 작은 점이 되지. 지우고 지운 끝에 점이 된 직후 '선이 없다!'라고 말할 수 있는 순간이 찾아올 거야. 하지만 '없다'라고 할 수 있는 것은 이 짧은 순간뿐이야. 왜냐하면 그 순간이 지나면 선이 없는 게 아니라, 다시 그저 '하얀 종이가 있다.'로 돌아갈 뿐이니까.

고노 선생님이 예로 든 '동생이 없다.' '과자가 없다.'라는 것도 마찬가지라고 생각해. 지금까지 있던 것과 있으리라고 생각한 것이 없다는 것을 깨달은 그 한순간만 '아, 없다!'라고 생각하지. 그 순간이 지나면 다시 있는 것들의 세계로 돌아가 버리는 거야.

이런 식으로 '무'라는 것은 공간이 아니라 무언가 없어진 '있음'이 끝난 그 한순간을 가리킨다고 생각해. 그러니까 세상에 있는 모든 것이 사라진 상태를 완전한 '무'라고 한다면 세상이 끝난 바로 그 한순간만을 '무'라고 부를 수 있어.

[마무리] 세계의 끝은 '없다?'

'무'라는 말은 멋있지. 왠지 대단해 보이고, 생각하고 있으면 오싹 무서워지기도 해.

쓰치야 선생님 말에 따르면 '무라는 공간'은 사실 말로 표현할 수 없는 것 같아. 분명 지금도 '무라는 공간'이라고 말했으니, 그렇다면 공간이 '있다'는 게 되어 버리잖아. 말로 표현하면 아무래도 '무'에 형태를 부여하게 되는 것 같아.

그러니까 고노 선생님은 무와 공간을 나눠서 생각했어. 사실 공간은 아무것도 없는 것처럼 보여도 '무'인 것이 아니라 다양한 힘이 작용하고 있다고 설명했지.

그럼 왜 '무'를 자꾸 생각하게 되는 걸까? '~가 없다.'라는 말을 잘못 사용해서 '무라는 것이 있다고 착각하기 때문이야. 즉 무라는 것은 페가수스와 마찬가지로 인간이 생각해 내서 존재하는 단어에 불과하다는 거지.

고도, 고노 선생님은 두 사람 생각을 바탕으로 다른 의견을 말했어. 주위에 있는 것을 하나씩 지워 나가는 방법이지. 전부 지워서 '없다!'라고 생각한 다음 순간에 '어라, (공간이) 있네.'라고 할 수밖에 없지만, 한순간만큼은 '무'가 나타나잖아.

그 한순간은 어떤 한순간일까. 고도 선생님이 말한 완전한 무에 대해 생각해 봤는데, '세계가 끝난 바로 그때'에는 시간의 흐름도 없어져 버릴 테니까 '그때'라고 말할 수 없는 것 아닐까? 시간의 끝의 끝의 끝……?

무에 대해 생각했더니 시간의 끝에 관한 이야기가 되어 버렸네.

지구가 소멸할 수도 있어요?

 **우주에도 끝은 있다**

소멸할 수 있지. 지구는 물론 우주에도 탄생과 죽음이 있어. 현대 물리학의 예측에 따르면 태양은 지금부터 약 50억 년이 지나면 점점 커져서 수성과 금성을 삼킬 거야. 태양의 팽창은 지구까지는 도달하지 않을 수도 있지만, 거대해진 태양은 아주 뜨거워져서 지구에는 생물이 살 수 없게 될 거래.

만약 태양이 지구를 삼키지 않는다 해도 많은 과학자가 우주에도 끝이 있다고 생각하고 있어. 우주의 소멸에 관한 의견은 다양해. 우주 전체가 엄청난 고온이 된다거나, 엄청난 저온이 된다거나, 작은 점으로 수축한다거나……. 어떤 것이 맞든 우주가 없어지면 지구도 소멸할 거야.

물론 과학자들의 예측이니까 바뀔 수도 있어. 그러나 인류가 생기고 나서 지금까지 약 500만 년밖에 지나지 않았어.

나도 어릴 적에 우주의 마지막은 어떨지 걱정이었어. 나 자신이 죽는 것보다도 더 걱정이었지. 나는 죽어도 우주는 계속 있길 바랐어. 왜 그렇게 생각했을까.

 ## 소멸하는 이유는 무엇일까?

나도 어릴 적에 내가 죽는 것보다 지구나 우주의 종말을 더 걱정했던 기억이 있어. 지구가 블랙홀에 빨려 들어가면 어떻게 하지? 하며 진심으로 걱정했지 뭐야.

지금 생각해 보면 일어날 가능성도 없는 일을 가지고 왜 그렇게 걱정했을까 싶지만, 어릴 적에는 지구라는 한 행성의 종말로 끝나는 게 아니라 이 세계가 통째로 끝날지도 모른다는 생각에 말로 표현하기 어려운 공포감을 느꼈던 것 같아.

이 질문을 생각한 너는 '지구가 없어진다면 어째서 그럴까?'라는 의문을 가진 거니? 무슨 생각으로 그렇게 묻고 싶어졌는지 이해가 가. 만약 이 세상의 모든 것이 없어진다면 반드시 어떤 이유가 있을 거라는 생각이 든 거지? 즉 세계의 멸망은 반드시 어떤 의미가 있어서 필연적으로 일어날 것이라는 생각. 정말 그럴까? 고노 선생님이 말했듯 지구도 우주도 물리학의 법칙에 따라 소멸할 뿐이라고 생각하면 안 되는 이유가 있을까?

이 세계의 탄생에 대해서도 같은 이야기를 할 수 있어. 세계 같은 것은 티끌만큼도 존재할 필요가 없었는데 왜인지 세계는 탄생해서 존재하고 있어. 여기에도 '왜'라고 물어야 할 이유가 있는 것일까?

모두 그저 우연일 뿐이라고 생각하면 무언가 부족한 기분이 드는 건 왜일까?

 ### 지구가 없어져도 질문은 계속된다

아무래도 지구는 언젠가 사라지는 모양이야. 바로 뒤따라오는 생각은 다른 별로 이주하는 거지. 50억 년 후라면 그 정도는 간단히 할 수 있을지도 몰라.

다른 별로 이주한 사람들은 지구를 떠올리며 그리워할까? 지금도 인류 탄생의 땅이라고 해서 사람들이 그만큼 아프리카에 관심을 기울이는 것 같지는 않거든. 그러니까 미래의 인류도 무관심할지 몰라. 아니면 역시 고향인 지구가 없어진다는 뉴스에 가슴 아파할까? 그렇다면 멀고 먼 고향, 지구가 왜 소중할까?

애초에 먼 미래의 사회는 어떤 느낌일까? 지금 같은 지구 위에서 누군가가 어딘가에서 늘 전쟁을 하고 있어. 그런데 다양한 별로 이주한 인간들이 사이좋게 지낼 수 있을까? 사이좋게 지내기 위해서는 어떤 사회 조직이 필요할까? 아니, 애초에 인간은 지금의 인간과 같은 모습을 하고 있을까?

지구가 소멸하더라도 그 앞일을 생각하면 여러 가지 질문이 떠오르는구나.

 ### [마무리] 먼 미래의 이야기지만

지구는 아주 크고 먼 옛날부터 계속 존재해 왔지. 그리고 우리

인간들은 모두 그 위에서 생활하고 있어. 어느 순간 전부 사라져 그럴 수 없게 된다면 너무나 무서워. 정말 그런 일이 일어나는 걸까?

고노 선생님 말에 따르면, 아주 나중이겠지만 지구는 정말 없어질 수 있는 모양이야. 게다가 지구만이 아니라 우주 전체가 언젠가는 없어진대. 고노 선생님도 자기가 죽는 것보다 지구의 종말이 더 걱정되었다고 말했는데 넌 어떠니? 내가 없어지는 것과 우주가 없어지는 것, 어느 쪽이 더 무섭니?

쓰치야 선생님은 지구나 우주가 없어지는 것에 어떤 의미가 있는지 생각하고 있어. 아무 이유 없이 사라져 버린다고 생각할 수 있지만, 이유가 있길 바라는 마음이 드는 것은 왜일까?

비슷한 경우는 또 있지. 고노 선생님이 말했듯, 자기의 죽음이나 탄생도 원래부터 그렇게 되도록 정해져 있다고 생각할 수도 있지만, 어떤 의미나 이유가 있다면 좋겠다는 마음이 들어.

무라세 선생님은 지구가 없어진 후의 세계가 어떤 모습일지 상상하고 있네. 50억 년이나 지난 후의 세계는 어떤 세계일까? 인류가 아직 존재한다면 어떤 식으로 생활하고 있을까? 지구가 아닌 별에 사는 건 어떤 느낌일까? 지구의 종말 같은 것을 상상해 보았자 별수없겠지만, 잘 생각해 보면 지금의 자신이나 인간을 이해하는 길로 연결될 것 같아.

귀신은 정말 있나요?

 **있다고 생각하는 이유를 찾아보자**

이 질문을 생각한 너는 중학생인 사촌 형이 놀러 올 때마다 귀신과 싸운 이야기를 해 준다는 말이지? 모두 비슷한 경험이 있니? 사촌 형은 귀신과 어떤 식으로 싸우는 걸까? 애초에 승부는 어떻게 정하고 싸울까?

이런저런 작은 의문이 생기지만, 네 사촌 형이 어떤 때 귀신이 있다고 느끼는지가 가장 신경 쓰이는걸. 자기도 모르게 물건이 없어지거나 아무도 없는 곳에서 인기척을 느낄 때일까?

그런 이상한 일들이 생기면 우리는 바로 '귀신 탓'이라고 말하고 싶어지지. 하지만 이럴 때는 그 일이 '귀신 이외'의 원인으로도 일어날 수 있는지 하나씩 점검하는 게 중요해.

물건이 없어진 것은 엄마가 쓰레기라고 착각하고 버렸기 때문일지도 몰라. 인기척을 느끼는 것은 그저 단순히 몸 상태가 좋지 않기 때문일 수도 있어. 가능성을 하나씩 점검해 봤는데도 귀신 짓이라고 확신할 수 있다면, 즉 귀신 이외의 가능성은 모두 논리 있게 설명할 수 없다면, 그때 비로소 요괴가 존재한다고 진지하게 주장할 수 있어.

 **이야기로서 즐기자**

　재미있는 형이구나. 만약 '강도와 싸웠다.'고 했다면 어땠을 것 같아? 그런 겁나는 이야기는 들어 봤자 재미가 없겠지? '곰과 싸웠다.'라고 했다면 어때? '위험하니까 어서 빨리 도망가는 게 나을 텐데.'라는 생각이 들지 않겠어? 강도나 곰은 정말로 존재하잖아. 형이 그런 무서운 것들과 싸우는 건 대단히 위험한 일이야. 그런 심각한 이야기를 들어 봐야 너는 별로 재미없을 거야.

　하지만 그와 달리 귀신 이야기는 재미있어. 너도 재미있어하니까 형도 자꾸 다음 이야기를 만들어 오는 거고. 진짜인지 아닌지는 알 수 없지만 가슴이 두근거리면서 궁금하잖아.

　그러니까 우리에게 묻지 말고 그 형에게 물어보는 건 어때? 그 귀신에 대해 자세히 좀 얘기해 줘. 도대체 어떻게 생긴 귀신이야? 하고 말이야.

　더 좋은 방법은 그 귀신이 진짜 있나 없나를 생각하지 말고 형에게 이야기를 더 해 달라고 조르는 거야. 아니면 형의 이야기를 재료로 삼아 너도 너만의 귀신 이야기를 생각해 봐도 좋겠고.

 ### 진짜가 아니어도 의미가 있어

재미있는 형을 두었구나.

고노 선생님은 '정말 있는가?'를 생각하지 않는 편이 이야기를 재미있게 들을 수 있다고 조언했어. 확실히 옛이야기나 『해리포터』는 정말 일어난 일이 아니어도 매우 재미있고 다음 내용이 궁금해져. 이런 점만 생각하면 정말 있었던 이야기와 만들어 낸 이야기 사이에는 큰 차이가 없을지도 몰라.

이야기가 재미있는 이유는 뭘까? 첫째는 그 이야기가 무언가를 표현하고 있기 때문이야. 정말 있었던 일은 아니지만, 진짜인지 아닌지와는 다른 차원에 있는 무언가 또 다른 진실, 그것이 표현되어 있으니까 이야기는 재미있어. 그렇다면 진짜인지 아닌지를 궁금해할 필요가 없을지도 몰라.

하지만 동시에 '사실은 어떨까?' 하고 생각하게 되는 마음도 이해가 돼. 역시 사실을 알고 싶은 거니까. 사실을 알게 되면 슬플 수도 있고 괴로울 수도 있어. 하지만 재미있고 즐거운 것과는 별개로 사실을 알고 싶어지는 거야. 이런 '사실을 추구하는 마음'은 아주 중요한 것이지만, 이야기를 즐기고 있을 때는 잠시 접어 두는 것도 괜찮아.

[마무리] 사람이 이야기를 생각해 내는 이유

　사촌 형은 귀신이 있다고 하지만 네 눈에는 보이지 않으니까 정말 그런 귀신이 있는지 알고 싶다는 이야기구나.
　한 사람은 정말 귀신이 있는지를 확인하는 방법을 알려 주었어. 이상한 일이 일어났을 때 그 원인이 될 만한 것을 하나씩 살펴보고 그 이외의 원인이 없다면 귀신은 존재하는 셈이 되지.
　반면, 다른 한 사람은 그런 식으로 진짜 있는지 없는지를 생각하지 않아도 된다고 했어. 아무래도 형이 진짜로 위험에 맞닥뜨린 건 아닌 것 같지? 그렇다면 좀 더 재미있는 이야기를 들을 수 있게 형에게 질문을 많이 해 봐.
　무라세 선생님은 이야기가 실제로 일어난 일인지 알고 싶은 마음과 이야기를 즐기고 싶은 기분에 대해 말하고 있어. 이야기의 재미와 사실 사이에는 무슨 관계가 있을까?
　사실이 아니더라도 대부분 이야기는 재미있게 들을 수 있어. 하지만 모두 꾸며낸 걸 알게 되면 왠지 시시하단 생각도 들어. 이상한 일이지? 사실인지 아닌지를 확인하고 싶은 기분과 모르는 채로 두고 싶은 기분, 모두가 마음속에 있는 거네.
　왜 그런 기분이 드는 걸까? 게다가 왜 사람은 사실인지 아닌지 알 수 없는 재미있는 이야기를 자꾸 생각해 내는 걸까? 한번 생각해 보렴.

인간은 왜 존재할까요?

 **최초의 인간**

　어떤 사람이 존재하기 위해서는 그 사람을 낳은 어머니, 그 어머니, 그 어머니……라는 연결고리가 필요하지. 이 질문을 생각한 네가 말했듯이 이 연결고리를 이어가다가 '가장 처음에 존재한 자는 누구인가?' '그자는 어떻게 인간이 된 것일까?' 하는 물음이 떠올랐구나. 그러고 나서 '나는 왜 태어났고, 어째서 살아가는가?'라는 의문이 들었던 거고. 생각의 흐름이 정말 멋진걸.

　만약 '최초의 인간'이 있다면 그 최초의 인간 이전에는 인간이 없을 거야. 이 말은, 그 사람은 인간에게서 태어난 게 아니라는 거야. 그러니까 그 사람은 '인간에게서 태어났기 때문에 인간이 되었다.'고 말할 수 없겠지. 누가 너에게 너는 왜 인간이냐고 묻는다면 '인간에게서 태어났으니까.'라고 대답하겠지? 그럼 개가 왜 개냐고 묻는다면 '개에게서 태어났으니까.'라고 대답할 테고.

　하지만 나는 언어를 사용하는 존재를 '최초의 인간'으로 봐야 하는 게 아닐까 생각해. 동물 중에도 언어 비슷한 것을 사용하는 무리가 있지만, 인간처럼 복잡하고 다양한 언어를 가진 동물은 없기 때문이야.

　동료들과 언어를 사용한 소통이 가능해졌기 때문에 최초의 인간은 인간이 될 수 있었던 거지. 즉 어떤 생물이 인간이 되기 위해서는 언어와 그 언어를 사용해 소통할 수 있는 동료가 필요하다는 거야.

 **인간은 집단으로 진화했어**

무라세 선생님 생각대로라면, 어느 날 갑자기 말을 할 수 있게 된 원숭이가 '최초의 인간'이 되는 셈이구나. 하지만 언어라는 것은 그렇게 갑자기 돌연변이처럼 생겨나는 게 아니야. 동물 중에도 언어 비슷한 것을 사용하는 무리가 있다고 무라세 선생님이 말했는데, 나는 동물의 울음소리가 발전해서 인간의 언어가 되었다고 생각해. 원숭이도 끽끽거리는 울음소리로 자기들끼리 서로 소통하고 있잖아. 울음소리가 점점 복잡해지는 동안, 복잡한 울음소리를 많이 낼 수 있도록 목이나 혀, 입의 모양도 발달해서 조금씩 인간의 언어가 만들어진 게 아닐까?

즉 인간의 언어는 한 마리의 천재적인 원숭이에 의해 '발명'된 게 아니야.

따라서 최초로 인간의 언어를 말한 원숭이가 '최초의 인간'이 되었다는 발상은 틀렸다고 봐. 무라세 선생님이 말한 것처럼 언어를 가짐으로써 인간은 인간이 되었더라도, 원숭이들이 무리 안에서 조금씩 복잡한 의사소통을 할 수 있게 진화했고, 그러면서 모두가 점점 인간이 되었다고 생각하는 것이 정확한 발상인 거지. 결론을 말하면 어느 특정한 한 사람이 '최초의 인간'은 아니라는 거야.

 **'인간'의 이야기와 '너'의 이야기는 별개야**

이 물음이 진짜 묻고 있는 건 무엇일까? 동물이 어떻게 인간으로 진화했는지를 알고 싶은 거니? 분명 그건 아닐 거야. 이 물음을 생각한 너는 '나는 왜 태어났고, 어째서 살아가는가?'라는 문제를 생각하고 있을 거야.

무라세 선생님이 말했듯 분명 너의 부모님의 부모님이란 식으로 거슬러 올라가면 인간은 원숭이를 닮은 선조로부터 태어난 게 되지. 생물학에서는 그렇게 말하고 있어. 하지만 네가 이 질문을 통해 정말 알고 싶은 것은 인간이 어디에서부터 어떻게 진화했는가가 아니라, 인간은 무엇 때문에 존재하고 있는 걸까 하는 문제 아니니?

'어떻게 태어났는가?'와 '무엇 때문에 존재하는가?'라는 두 가지 질문은 비슷해 보여도 완전히 다른 이야기야. 다들 곧잘 헷갈리는 질문이지. 원숭이를 닮은 선조로부터 조금씩 인간이 진화해 왔다는 사실은 박물관에 가면 자세히 설명되어 있어.

하지만 인간이 무엇 때문에 존재하는지는 어떤 박물관에 가도 답을 찾을 수 없어.

네가 헷갈리고 있는 것이 하나 더 있어. 왜 '인간'은 존재하냐고 물었지만 정말 알고 싶은 것은 '너 자신'이 존재하는 이유 아닐까? 인간 전체를 아우르는 이야기와 너라는 한 개인의 이야기는 별개야. 뒤섞어서 생각하면 답이 나오지 않아.

 **[마무리] 자신이 태어난 이유**

이 물음을 생각한 너는 자신이 왜 태어났고, 어째서 사는지 알고 싶은 거구나. 나는 어머니와 아버지가 낳아 주었기 때문에 태어났지. 어머니와 아버지가 있다는 말은 할머니와 할아버지가 있다는 말이고……. 이런 식으로 계속 거슬러 올라가서 생각해 보니까 최초의 인간은 어떻게 태어난 건지 알고 싶어졌구나.

무라세 선생님은 처음으로 언어를 사용한 동물이 최초의 인간이라고 말했어. 그럴지도 모르지만 갑자기 언어를 완벽히 구사하는 동물이 나타날 수는 없는 노릇이니 원숭이들이 서로 의사소통을 하는 사이 울음소리가 점점 복잡해지면서 언어를 구사하게 되었다는 것이 쓰치야 선생님 생각이고. 그것이 인간의 시작이라는 거지.

아주 멋진 생각이야. 하지만 고노 선생님은 이렇게 생각해 본들 정말 알고 싶은 것은 모르는 채로 남아 있다고 했어. 지금 생각하고 있는 문제는 '인간이 어디에서 어떤 식으로 진화했는가?'이지만, 그것은 '인간은 무엇 때문에 존재하는가?'와는 다른 문제라는 거야. 게다가 '나는 무엇 때문에 존재하는가?'는 더 다른 문제지.

  그렇다면 정말 알고 싶은 '나는, 왜, 무엇 때문에 태어났고, 사는가?'라는 질문의 답은 어떻게 찾을 수 있을까? 이건 몹시 어려운 문제야. 자기가 태어난 이유는 다른 누군가가 태어난 이유와는 다르지. 그러니 이 물음에 대한 답은 스스로 찾을 수밖에 없는 것 같구나. 일단은 어떻게 해야 답을 찾을 수 있을지 신중하게 생각해 보렴.

꿈과 현실의 경계선은 무엇인가요?

 **현실에서 기억한 것이 꿈**

아기일 때도 잠만 자더니 어른이 되어서도 계속 잠만 자면서 꿈을 꾸는 사람이 있을까? 만약 있다면 그 사람은 별 내용 없는 꿈을 꿀걸. 자느라 아무것도 보지 못하고 아무 경험도 하지 못했으니까 꿈의 내용도 부실하지 않을까?

눈을 뜨고 있을 때 경험한 것들이 엉망진창으로 뒤섞인 것이 꿈이야. 그러니까 꿈은 기억의 일종이라고 할 수 있어. 우리 머릿속에 저장된 기억들이 자기도 모르는 새 뒤섞여서 떠오르는 거지.

꿈은 기억이니까 꿈속에서 아무리 무서웠다 한들, 또 아무리 기뻤다 한들 그 공포나 기쁨이 생생해도 꿈의 내용은 진짜가 아니야. 현실과는 완전히 다르지. 뚜렷하지 않은 데다 있을 수 없는 일이 벌어지고, 같이 있을 수 없는 사람이 함께 있어. 그러니까 꿈을 꾸는 건 실제로 무언가를 보는 게 아니라 무언가 떠올린 걸 본 것처럼 느끼는 것일 뿐이지.

나는 꿈을 꾸다가도 거의 매번 '이건 꿈이군.' 하고 도중에 알아차리기도 해. 왜냐하면 꿈이 모순되어서 이상하다는 생각이 들어 깨거든.

눈을 떴을 때 꿈은 꿈이 된다

고노 선생님 말처럼 아무 경험도 없이 처음부터 꿈을 꾸는 사람은 없을 거야. 경험이 없다면 꿈을 꾸기 위한 재료가 부족할 테니까 말이야.

만약 지금 내가 잠을 자고 있고, 사실은 꿈을 꾸고 있다면?

물론 지금 나는 이 문장을 쓰며 '이건 절대 꿈이 아니야!'라고 생각하고 있어. 그러나 꿈속에서도 같은 생각일지 몰라. 내가 꾼 꿈들은 기묘하고 모순된 내용이 많았지만, 늘 꿈을 꾸고 있다고 깨닫지 못했어. 게다가 특별히 모순되지 않아서 실제로 일어났더라도 이상하지 않을 꿈도 꾼 것 같아. 그렇다면 꿈과 현실의 경계선이란 꿈의 내용과는 상관없는 게 아닐까?

응? 그렇다면 우리는 어떻게 꿈과 현실을 구별하냐고?

내용만 가지고 꿈과 현실을 구별할 수 없다면, 결국 꿈과 현실은 깨어날 수 있는가 없는가에 따라 달려 있는 것 같아. 지금 보는 풍경이나 들리는 소리가 꿈인지 현실인지는 말할 수 없지만, 눈을 뜨고 나면 그것이 비로소 꿈이 되는 것 아닐까?

모든 것이 꿈일 가능성

〈매트릭스〉라는 영화를 알고 있니? 이 영화의 주인공은 태어났을 때부터 계속 컴퓨터에 연결된 채 꿈을 꾸고, 단 한 번도 현실 세계에서 눈 뜬 적이 없어. 주인공이 현실이라고 생각하는 세계는 컴퓨터가 인간의 뇌에 전기신호를 보내서 만들어 낸 가상현실이지. 주인공의 인생 전부가 꿈속에서 벌어지는 일인 거야.

고노 선생님은 아기일 때부터 계속 잠만 자며 꿈을 꾸는 사람은 '아무것도 경험하지 못했으니까' 꿈의 내용도 부실할 거라고 했지만, 만약 영화처럼 뇌에 직접 전기신호를 보내서 그 사람에게 다양한 가상 체험을 시켜 준다면 그 사람은 내용이 아주 풍부한 꿈의 세계에서 살아갈 수 있지 않을까.

그렇다면 우리가 사는 세상노 어쩌면 컴퓨터가 만들어낸 꿈일지도 몰라. 밤에 잠들어서 꿈을 꾸고 아침이면 눈을 떠서 학교에 갔다가, 돌아와서 다시 잠들어 꿈을 꾸고……. 이런 인생 전체가 처음부터 끝까지 꿈일 수도 있어.

있을 수 없는 일이라고? 그렇다면 꿈과 현실의 경계선이란 대체 무엇일까? 한번 생각해 볼래?

덧붙여 나는 예전에 꿈속에서 '이건 꿈일지도 몰라.'라고 생각했을 때, 꿈인지 아닌지 확인하기 위해 이것저것 시험해 봤어. 모순이 있는지, 꿈 같은 내용인지, 볼을 꼬집으면 아픈지 안 아픈지 말이야. 다양한 방법으로 확인하고 '지금은 현실이다!'라는 결론을 내렸지만, 결국 그건 '현실 같은 꿈'이었어. 그러니까 지금 현실이라고 확인해도 나중에 '그건 꿈이었다.'라고 깨달을지도 몰라.

 **[마무리] 꿈과 현실을 구분할 방법이 있을까?**

꿈이라는 건 굉장히 신비롭지? 꿈을 꾸는 날이 있는가 하면, 꾸지 않는 날도 있어. 있을 수 없는 일이 연달아 일어나는 꿈도 있고, 평소 생활과 전혀 다르지 않은 꿈도 있어. 즐거운 꿈도, 무서운 꿈도 있고 말이야. 꿈이란 대체 무엇일까?

한 사람은 깨어 있을 때 경험한 기억이 자는 동안 마음대로 떠오르는 것이 꿈이라고 했어. 스스로 떠올리려고 해서 떠오르는 것이 아니라서 사람이나 장소가 이상한 조합과 순서로 등장하지. 그런데 왜 기억은 자고 있을 때 멋대로 떠오를까? 이 의문은 과학자들도 다양하게 연구하고 있대.

다른 한 사람은 아주 현실적인 꿈과 진짜 현실을 어떻게 구별할 수 있는지를 말하고 있어. 꿈에서 보거나 느낀 것과 현실에서 보거나 느낀 것은 내용만으로는 구별할 수 없으므로 '눈을 뜨고 있는지'로 구별한다고 했지.

하지만 쓰치야 선생님은 그런 식으로도 구별할 수 없어서 '현실'이라고 생각하며 살아온 인생 전부가 꿈일 수도 있다고 했어. 그런 일이 있을 수 있을까? 하지만 생각해 보면 나도 잠이 부족할 때 '꿈에서 깨어나는 꿈'을 꾸기도 했어. 그러니까 정말 꿈에서 깨어난 건지, 아니면 꿈에서 깨어난다는 꿈을 꾼 건지 구별하는 건 쉽지 않지.

이것은 '현실이고 절대 꿈이 아니다.'라는 것을 확인하기 위한 좋은 방법이 있을까? 만약 그런 방법을 알게 된다면 우리에게도 꼭 알려줘.

인간은 왜 남자와 여자로 나뉘어 있는 걸까요?

 **자손을 남기기 위해**

생물의 세계에는 암컷과 수컷의 구분이 있는 생물과 없는 생물이 있어. 말미잘은 혼자 분열해서 증식하는 생물이야. 자신과 비슷한 개체를 늘리는 것이지. 이에 비해 암수가 만나 자식을 늘리는 생물도 있어.

왜 암수의 구별이 생겼을까? 형제나 자매를 생각해 봐. 형제나 자매 역시 어머니와 아버지가 맺어져서 태어났어. 서로 닮은 부분도 있지만 다른 부분도 상당히 많아. 형은 마르고 추위를 잘 타는데, 동생은 통통하고 추위에 강할 수 있지. 자손끼리 서로 다르면 오히려 유리해. 추운 곳으로 가게 되었을 때 형제가 모두 추위에 약하면 아무도 밖으로 나가지 못해서 전멸해 버릴 수도 있거든.

암수로 나뉘어 있으면 두 생명체의 연결고리를 통해 서로 다양한 자식들이 태어나. 그러면 말미잘처럼 자기분열해서 비슷한 개체만 증식시키는 것보다 살아남기 유리해지는 거야.

 ## 옛날에는 역할이나 행동방식으로 구분했어

생물의 암수와 인간의 남성, 여성은 같은 걸까? '여성'이란 단어가 단지 '아이를 낳는다.'는 생물적 특성만을 나타내는 건 아니야. 그리고 '여성'이라고 하면 '치마를 입는다.' '요리를 한다.' '아이를 키운다.' 같은 이미지를 떠올리기 쉬운데, 그러나 잘 생각해 보면 이런 것들은 생물적인 특징과는 전혀 관계없어. 인간의 '남녀'는 생물적인 차이라기보다 사회에서 수행하는 역할이나 행동방식에 의해 구별되는 차이인 거야.

그렇다면 인간이 '남자와 여자'로 깔끔하게 나뉠 수 있을까? 오늘날에는 옛날처럼 '남자만' 혹은 '여자만' 해야 하는 역할이나 행동방식이 점점 사라지고 있어.

예를 들어 요즘에는 엄마가 일하며 돈을 벌고, 아빠는 전업주부가 되어 육아와 가사를 담당하는 가정도 드물지 않아. 역이나 공사 현장에서 일하는 여성은 근무 중에 치마를 입지 않을 테고, 요리를 너무 좋아해서 군침 도는 요리 사진을 매일 인터넷에 올리는 남자도 있어. 성별에 따른 역할이나 행동방식의 차이가 거의 없어진 거야. 현대에는 인간을 '남녀'로 나누어서 생각하는 것 자체가 그다지 의미 없다고 봐.

 **둘로 나뉜 것은 우연이야**

고노 선생님 의견을 토대로 생각해 보면 정말 제3, 제4의 성별이 있어도 좋았겠네. 어쩌면 그편이 전멸하지 않을지도 모르고.

성별이 두 개인 편이 살아남기에 유리하다지만, 결국 멸종을 피하려고 '우연히' 지금과 같은 틀이 만들어졌다고 봐. 쓰치야 선생님 의견을 들어도 옛날에는 성별에 따라 역할을 두 개로 나누는 것이 사회의 입장에서는 편리했을 뿐이지. 그건 역시 '우연'일 가능성이 커.

'우연'이라는 것은 지금과는 다른 가능성이 있다는 말이야. 아주 옛날부터 그래 왔다고 믿어 온 것 중에는 최근 들어 유행한 것이 상당히 많아. 예를 들어 동성끼리의 연애는 옛날부터 있었지만, 요즘에는 남녀 간의 연애가 당연하게 여겨져서 동성끼리의 연애는 이상하게 여겨지지. 연애라는 말도 천 년 전에는 지금과 상당히 다른 의미일걸? 이것도 성별에 관한 이야기와 관계가 있어.

어린이들이 학교에 다니게 된 것도 꽤 최근의 일이고, 학교에서 가르치는 과목 역시 계속 바뀌고 있어. 그러나 우리는 '우연히' 그렇게 된 것을 아주 예전부터 그래 왔고, 앞으로도 그럴 것이라고 굳게 믿지.

어쩌면 지금 존재하는 거의 모든 것이 '우연한' 유행일지도 몰라. 그렇게 생각하니 어쩐지 자유로워진 것 같아 즐거워지네. 너도 지금과는 다른 가능성을 이모저모 상상해 보면 즐거울 거야.

[마무리] 남성과 여성 두 종류만 있는 게 아니야

사람 사이에는 모두 비슷한 부분도 있고 저마다 다른 부분도 있어. 몇 가지 집단으로 나눠서 생각할 수도 있지. 어른과 어린이, 한국인, 일본인, 중국인, '남자와 여자'도 곧잘 쓰이는 구분법 중 하나야. 어떻게 만들어졌을까?

고노 선생님은 어째서 몇몇 생물에게 암컷과 수컷의 구별이 생겼는지를 가르쳐 주었어.

부모와 꼭 닮은 아이들만 있으면 환경이 바뀌었을 때 전멸할 가능성이 있으니까, 다양한 아이들이 태어날 수 있게 암컷과 수컷이 맺어져서 자손을 늘리도록 생명체가 진화해 왔다는 것이지. 인간의 몸에 암수 구별이 있는 것은 그 때문이야.

하지만 쓰치야 선생님은 '암컷과 수컷'의 구별과는 다른 인간 특유의 '남성과 여성'이라는 구분이 있다고 말했어. '남자와 여자'는 사회에서 역할이나 행동으로 구별된다고 했지. 지금은 '남녀 두 종류'로 딱 나눌 수 없다고도 말했어.

무라세 선생님은 성별이 '우연히' 두 개로 나뉘었을 뿐, 세 개나 네 개여도 상관없었다고 생각하고 있어. 그러나 인간은 '우연히' 일어난 일을 '필연적'으로 일어나 절대 변하지 않으리라고 착각하는 경향이 있어. 그래서 인간의 성도 남녀 두 개뿐이라고 굳게 믿는 거지.

쓰치야 선생님도 말했듯 인간의 성이 실제로 남녀 둘만 있는

163

건 아니야. 또 어떤 성이 있는지 조사해 보자. 게다가 무라세 선생님이 말했듯 여러 개의 성이 있는 세상을 상상해 보는 것도 재미있어. 넌 어떤 성이라고 생각하니?

마음은 어디에 있어요?

 **우주에 퍼져 있어**

마음은 참 이상하지? 괜히 심장이나 뇌 근처에 있을 것 같은데, 배고플 땐 배에 있을 것 같기도 해. 무언가를 생각하고 있을 때는 완전히 다른 곳으로 가 버린 듯한 느낌도 들지. 라디오에서 외국에 관해 이야기하고 있으면 자기도 그곳에 가 있는 느낌이 들고, 소중한 시간을 떠올릴 때는 마치 과거로 돌아간 것 같아.

너는 이런 느낌 든 적 없니? 너도 나와 비슷하다면 네 마음은 자유롭게 어디로든 갈 수 있어.

시험 삼아 눈을 감고 달에 대해 생각해 보자. 하늘에 떠 있는 그 달 말이야. 지금 네가 실제로 달 위에 내려서는 것은 아니지만, 마음속에서는 달에 착륙할 수도 있어. 그 말은 마음속에도 진짜 달이 있다는 뜻이야. 이상하게 들릴지 모르지만 방금 말했듯 우리가 생각하고 있는 것은 실제 우주에 있는 달이야. 하나밖에 없는 달을 생각할 수 있다는 것은 달이 마음속에도 있다는 뜻이 되지. 그렇다면 마음은 전 세계, 아니, 전 우주에 퍼져 있는 거네! 우주에 대해서도 생각할 수 있고, 생각은 어디든 갈 수 있으니까!

그래서 '마음은 우주 전체에 퍼져 있다.'가 내 대답이야.

 **마음은 존재하지 않아**

 마음이 정말 있는 걸까? 책상이나 아파트가 있는 것과 마찬가지로 마음은 존재할까? 이 질문을 생각한 너는 슬플 때는 '가슴'이 아프고, 화날 때는 '속'이 뒤집어진다고 했지? 하지만 마음이 가슴에 있어서 가슴이 아프고, 배에 있어서 속이 뜨거워지는 건 아니야. 잠시 신체 상태가 변하는 것뿐이지.

 그런 감각을 느끼는 게 마음이라고 하는 사람도 있지만, 그 사람은 '마음이 무언가를 느낀다.'라는 표현 자체를 그대로 받아들여 '마음이 있다.'고 착각하는 게 아닐까. 앞에서도 말했듯 그건 그저 몸 어딘가에 그런 느낌이 나타나는 것일 뿐이야.

 생각한다는 것도 마찬가지야. 밖에서는 들리지 않는 혼잣말을 할 뿐, 혼잣말이 마음이라고 할 수 없어. 소리 내서 이야기하는 사람을 보고 '저 사람 마음이 이야기하네.'라고는 하지 않잖아. 그냥 그 사람이 이야기하는 거야.

 그러니까 마음이란 건 없어. '마음'이라고 부르는 신체 상태나 행동이 있을 뿐이야. 그 일부를 '마음'이라고 부르는 것에 불과해.

 **마음은 뇌에 있어**

 고노 선생님은 '생각한다.' '가슴이 아프다.' '속이 뒤집어진다.'

에 공통되는 '마음'은 없다고 말했어. 맞는 말 같긴 한데, 정말 이 세 가지 사이에는 어떤 공통점도 없는 걸까?

 잘 살펴보면 세 가지 모두 '잘 때는 일어나지 않는다.'는 공통점을 가지고 있어. 자면서 생각하거나 화를 내는 경우는 꿈을 제외하면 없지? 그렇다면 이 세 가지는 모두 잠과 어떤 관계가 있는 게 아닐까? 잠은 깨어 있을 때와는 주파수가 다른 뇌파가 나오고 있는 상태를 말해.

 그렇다면 마음은 뇌와 강하게 연결된 것 아닐까? 적어도 '생각한다.' '가슴이 아프다.' '속이 뒤집어진다.'라는 현상은 뇌의 영향을 받아 일어난 건 틀림없어. 어쩌면 머리가 아니라 가슴이나 배에서 느끼는 감정도 약이나 전기신호로 '뇌'를 자극하여 인공적으로 만들어낼 수 있지 않을까?

 그렇다면 감정도 사고도 결국 뇌의 지배를 받는다고 할 수 있겠지. 마음은 역시 뇌에 있는 것 같아.

 마음은 뇌에 있다. 이건 굉장히 상식적인 결론처럼 들릴지도 몰라. 하지만 상식을 아무 생각 없이 믿는 것과 상식을 일단 의심하고 잘 생각한 결과 상식으로 돌아가는 것, 이 둘 사이에는 큰 차이가 있어.

 무라세 선생님과 고노 선생님은 전혀 상식적이지 않은 방법으로 마음에 대해 생각했어. 그래도 나는 두 사람의 '비상식'적인 의견을 진지하게 검토하며 열심히 생각한 결과, 어느샌가 상식적인 결론에 이르렀어. 철학은 이런 느낌이지!

 **[마무리] 마음은 무엇일까?**

몸 안에서 무언가를 느끼거나 생각하는 부분을 마음이라고 하지. 내가 느끼거나 생각하니까 내 몸 어딘가에 '마음'이란 것이 들어있을 것 같고 말이야. 마음에 변화가 생길 때는 몸 이곳저곳이 반응하는데, 마음만 몸 밖으로 끄집어낼 수는 없어. 그러니 마음이 어디에 있는지 잘 모르겠다는 생각이 들 거야.

무라세 선생님이 말하길 마음은 먼 곳으로도, 가까운 곳으로도, 미래로도, 과거로도, 온 우주 어떤 곳으로도 갈 수 있으니까 우주 전체에 퍼져 있다고 해. 깜짝 놀랄 만한 생각이야. 맞아, 마음에는 그런 특징이 있어. 그렇다면 마음에 잘못된 것이 떠오르거나 틀린 기억이 존재하는 이유는 무엇일까? 마음이 우주에 퍼져 있어서 모든 것을 내려다볼 수 있다면 아무것도 틀리지 않아야 하는 것 아닐까?

고노 선생님은 마음이란 게 따로 있는 게 아니라 다양한 신체 상태와 행동을 '마음'이라고 부를 뿐이라고 했어. 하지만 쓰치야 선생님은 '마음'의 작용이라고 불리는 것들에는 공통점이 있다고 했지. 바로 뇌의 작용과 관계가 있다는 점이야. 확실히 뇌가 이제까지와 다르게 활동하면 마음에도 영향이 미칠 것 같아. 뇌와 마음은 '강하게 연결되어 있다.'고 하는데, 어떤 관계인 걸까?

세 사람의 생각에서 공통된 건 '마음'이 눈이나 위장, 볼펜이나 책상처럼 세계에 있는 '물체'의 이름은 아니라는 점이야. 그러니까 마음이 있는 '장소'도 찾을 수 없는 거지. 하지만 물체가 아닌 마음과 물체와의 관계나, 물체가 아닌 마음과 물체인 몸(특히 뇌)과의 관계는 아직 밝혀지지 않은 부분이 많아.

인간은 어떻게 언어로 말할 수 있게 된 걸까요?

 **신호가 발전한 것**

'언어'를 어떻게 정의하느냐에 따라 이 질문에 대한 답이 달라져. 자연이 풍부한 곳에 가서 잘 관찰하면 알게 될 텐데, 자연 속에서는 다양한 생물이 서로 다양한 방법으로 신호를 보내며 살아가고 있어. 새는 울음소리로 동료를 부르고, 위험을 알려 주는 등 경고를 하지. 벌은 독특한 춤을 추어서 동료들에게 먹이가 있는 장소를 알려 줘. 개미는 냄새로 자신의 집과 다른 개미의 집을 구별하지.

집단생활을 하는 생물은 위험을 경고할 때, 적을 위협할 때, 먹이가 있는 장소를 알릴 때, 이성에게 구애할 때 저마다의 형태로 정보를 주고받아. 신호를 보내고 받는 거지. 포유류는 행동도, 전달하는 내용도 복잡해져.

이러한 신호를 언어라고 부른다면 언어는 인류가 등장하기 훨씬 전부터 존재해 왔다고 할 수 있어. 인간의 언어는 그런 신호를 발전시킨 거야. 그러니까 동물이 인간으로 진화할 때 동료에게 보내는 신호 또한 조금씩 언어로 변해 간 거지.

 **복잡한 표현이 가능해지도록**

고노 선생님 말처럼 언어의 기초는 신호야. 교실에서 나눠 준 교재가 없을 때 '선생님, 없어요!' 하고 말하는 것도 신호라고 할 수 있지. 하지만 인간의 언어는 좀 더 복잡하지? 고노 선생님이 말한 것처럼 신호에서 시작되어 발전한 것일 수도 있고.

그렇다면 신호에 무엇을 더하면 언어가 될까?

일단은 합칠 수 있다는 것이 중요한 것 같아. '없어요!'라고만 말하면 신호처럼 들리지만 '교재와 연필을 들고 와.'나 '색연필이나 빨간 볼펜을 가지고 와.'처럼 합쳐서 말하면 좀 발전한 느낌이 들어. 사람의 언어처럼 들리지.

그 밖에도 어떤 상황 때문에 행동을 바꿔야 하는 경우, 예를 들어 '위험할 때는 오른쪽으로 도망가고, 그렇지 않을 때는 왼쪽으로 간다.' 같은 말은 신호보다 언어에 가깝지. 그 밖에도 어떤 상황 때문에 행동을 바꿔야 하는 경우가 있는데, 새나 곤충은 이런 식으로 경우를 나눠서 생각하지 않아. 이렇게 보니 언어라는 것은 눈앞에 있는 것뿐만 아니라 실제로는 없는 것, 즉 실제가 아닌 상황을 나타낼 수도 있는 거네. '우산을 놓고 왔다!'처럼 눈앞에 우산이 없다는 것도 표현할 수 있고 말이야. 실제로 날씨가 맑아도 '비가 왔다면 체육대회는 안 했겠지.'라고 말할 수도 있어. 이렇듯 복잡한 표현과 신호가 더해져 인간의 언어가 된 게 아닐까?

 **언어와 생각, 어느 쪽이 먼저일까?**

인간의 언어는 다른 생물의 신호와 비슷하면서도 좀 더 복잡한 느낌이 들어. 신호가 합쳐지면서 점점 발전했다는 두 사람의 의견에 고개가 끄덕여져.

그런데 왜 인간의 신호만이 그런 식으로 합쳐졌을까? 인간만이 다른 생물보다 복잡하게 생각할 수 있었기 때문일까? 경우를 나누거나 지금 일어나고 있지 않은 일을 생각할 수 있었기 때문에 그것을 나타내기 위해서 언어가 발달한 걸까?

하지만 말을 합치는 법을 몰랐다면 애초에 그렇게 복잡한 생각을 할 수 있었을까? 언어와 생각은 어느 쪽이 먼저 발달한 걸까?

언어를 배우던 때를 더듬어 봐도 이상하다는 생각이 들어. '차'나 '강아지' 같은 이름은 먼저 물체를 보고 나중에 이름을 배웠던 것 같거든.

'괴롭다' '외롭다' 같은 감정에 대한 이름은 어떨까? 괴롭다는 말을 배우기 전에 슬픔이나 외로움과는 구별해서 괴롭다는 감정을 느꼈다고 생각하니? 어쩐지 대답하기 어렵네. 게다가 먼 옛날에는 '괴롭다'는 말 자체가 없었잖아. 괴롭다는 말이 없던 때 괴롭다는 감정을 느꼈던 인간이 있었을까?

 **[마무리] 언어는 왜 있는 걸까?**

   세 사람의 대화를 들어 보면 고노 선생님과 무라세 선생님 생각이 직접 연결되어 있고, 그 두 사람의 생각을 고도 선생님이 조금 다른 각도에서 따져보고 있네.

   고노 선생님과 무라세 선생님은 '사람은 어떻게 언어를 말하게 되었어?'라는 질문에 정면으로 대답하려 하고 있어.

   고노 선생님 말에 따르면 사람의 언어는 곤충과 동물이 서로 주고받는 '신호를 발견시킨 것'이야. 분명 사람 이외의 생물도 자연계에서 살아남기 위해 저마다 자기만의 방법으로 의사소통을 하고 있어. 그러니까 '언어'를 '의사소통을 위한 도구'라고 정의한다면 동물도 사실은 언어를 가지고 있는 거고, 전달하는 내용이 복잡해지면서 점점 인간의 언어가 된 셈이지.

   이에 비해 무라세 선생님은 '동물의 신호'와 '인간의 언어'가 서로 다르다는 점을 밝힌 후 인간의 언어가 어떻게 탄생했는지 설명하려 하고 있어. 무라세 선생님 말에 따르면 사람의 언어는 몇 개의 신호를 '합칠' 수 있거나 '실제로는 없는 물건이나 상황'을 표현할 수 있어. 동물의 신호에는 없는 특징이지. '인간의 언어'는 이런 복잡한 표현이 발명되면서 탄생했다는 것이 무라세 선생님 의견이야. 하지만 그 복잡한 표현은 또 어떻게 발명된 거지?

   이 문제를 생각하기 위해 고도 선생님은 '언어'와 '생각' 어느 쪽이 먼저 발달했는지를 생각해 보고 있어. 인간은 다른 생물과 달리 생각을 할 수 있다고 하는데, 애초에 무언가를 생각하기 위해서는 언어가 반드시 있어야 할 것 같아.

하지만 그 언어가 동물의 신호를 발전시킨 것이라면……? 어? 머릿속이 뒤엉키기 시작했어!

병은 왜 걸리나요?

우연히 일어나는 일

병은 종류도 다양하고 그 원인도 여러 가지야. 예를 들어 감기는 바이러스라는 물질이 몸에 들어와서 걸리지. 감기를 예방하는 방법은 여러 가지가 있고, 감기에 걸렸을 때 병원에 가면 약을 받을 수 있어.

하지만 이 질문을 생각한 네가 듣고 싶은 것은 병에 걸리는 원인이 아닐 거야. '자신에게 힘들고 싫은 일이 있을 때, 엎친 데 덮친 격으로 병에 걸리는 것은 왜일까?'를 진짜 묻고 싶은 거지.

그런데 생각해 봐. 세상에는 심술쟁이가 있고, 남이 곤경에 빠진 것을 알면서도 일부러 못된 짓을 하는 사람도 있어. 그런 사람에게는 '심술 좀 그만 부려!'라고 말하고 싶지.

하지만 바이러스는 네가 곤경에 빠진 것을 알 리가 없어. 바이러스는 동물이 아니라서 무언가를 알 능력이 없고, 심술궂은 마음도 가질 수 없고 말이야. 병은 사람의 기분과 관계없이 우연히 걸리게 되는 거야. 태풍이나 지진, 운석 낙하 같은 자연 현상에 대고 '왜 나쁜 짓을 하니?'라고 물어도 의미 없는 것처럼, 사람의 기분과는 관계없이 우연히 일어나는 일이라는 거지.

언젠가는 필연적으로 반드시 일어나는 일

'우연히' 걸린다는 고노 선생님 말도 이해해. 원인도 모른 채 중병에 걸리기도 하니까. 어쩌면 운에 달려있는 걸지도 몰라.

다만 병은 우연이나 운과 조금 다르지 않을까. 난 지금까지 한 번도 병에 걸린 적 없는 사람을 보지 못했어. 너도 그렇지 않니? 젊을 때 병에 걸리지 않은 사람도 나이가 들면 병에 걸리기 쉬워져. 과장해서 말하자면 지금 건강해도 언젠가 병에 걸릴 수 있어.

그 누구도 죽음을 피할 수 없는 것처럼 병에 걸리는 것도 피할 수 없어. 어떤 의미에서든 반드시 병에 걸리게 되는 거라면 '필연'이라고 부를 수 있지 않을까? 필연은 싫거나 곤란한 일도 살아가는 동안 반드시 일어나기 마련이라는 뜻이야.

필연에도 어떤 목적이나 이유가 있을까? 아니면 단순히 세계가 그렇게 만들어진 걸까?

나는 후자라고 봐. 그래서 좀 슬프지만 말이야.

회복의 기쁨을 맛보기 위해서일지도

고노 선생님과 무라세 선생님은 병에 걸리는 게 '우연'인가 '필연'인가를 두고 의견이 갈린 것처럼 보이지만, 내 생각에는 두 사람 모두 옳은 이야기를 하고 있어. 두 사람 의견을 종합해서 생각해 보면 우리는 어떤 이유로 병이나 자연재해로 고통받는 게 아니야. 괴로운 '우연'이지. 괴로운 우연은 모든 사람에게 평등하게 닥쳐 와. 그런 의미에서는 '필연'이야. 왜 이 세상에는 괴로운 우연이 존재할까? 병 같은 것은 존재하지 않는 세계가 있으면 좋을 텐데!

하지만 괴로운 일이 하나도 없다면 우리는 어떻게 기쁨이나 행복을 느낄까? 괴로운 일이 하나도 없는 상태는 편안하고 즐거울지 모르지만 자극이 없어 지루할 테고, 더 나아가 행복을 느낄 수 없을지도 몰라. 괴로움이나 고통을 이겨냈을 때 기쁨과 행복을 느낄 수 있는 것처럼, 병이 있음으로써 건강해졌다는 기쁨을 맛볼 수 있는 거 아닐까? 어쩌면 신은 우리가 기쁨과 행복을 맛보기 원했기에 일부러 괴로움을 이 세상에 남겼는지도 모르지.

 **[마무리] 납득할 수 없는 일을 안고 살아가기**

병에 걸리면 너무도 괴롭지. 당연히 '왜 이런 일을 겪어야 하지?'라는 생각이 들기도 할 거야. 하지만 고노 선생님은 그런 '왜'에는 이유가 없다고 말해. 질병뿐만 아니라 사고나 자연재해를 당하는 데도 이유가 없어. 나쁜 사람은 아무도 없는데 우연히 누군가가 끔찍한 일을 겪게 될 수 있는 거지.

한 사람은 '우연히 끔찍한 일을 겪는 일'은 살아가면서 반드시 일어난다고 말했어. 매일 아무리 주의를 기울이며 살아도 우연히 일어나는 불행을 한 번도 겪지 않고 살아갈 수 있는 사람은 없다고. 세계는 그렇게 만들어져 있는 거라고.

다른 두 사람은 세계는 왜 사람이 괴로움을 겪도록 만들어져 있는가에 대해 생각하고 있어. 무라세 선생님은 목적도 이유도 없다고 했지. 쓰치야 선생님은 기쁨과 행복을 느끼기 위해서 괴로움과 고통이 존재하는 게 아닌가 생각하고 있고.

어느 쪽이 맞는 걸까? 어느 한쪽이 맞는다 해도 완전히 받아들일 수 있는 건 아니야. 아무 이유도 없다는 걸 알고 있어도, 혹은 슬픔이 없으면 기쁨도 없다고 생각해도 병에 걸려 괴롭거나 대지진으로 많은 사람이 죽는 것을 보면 '이런 끔찍한 일이 왜 일어나는 걸까?'라는 생각이 저절로 들 거야.

이처럼 세상에는 아무리 생각해도 이해할 수 없는 일들이 많아. 몹시 괴로워도 이해할 수 없는 그 기분을 끌어안고, 그것을 마주보며 살아가야만 할 때도 있거든.

사람은 죽으면 어떻게 되는 걸까요?

 **마음은 어디로 가는가?**

누군가의 장례식에 참석해 본 적 있니?

옛날엔 대부분 '매장'이라고 해서 시신을 땅에 묻었어. 몇 개월 정도 지나면 시신은 분해되어 흙이 되지. 사람은 죽으면 몸은 재나 흙이 되어 자연의 일부로 돌아가. 최근에는 '화장'이 늘어나고 있는데, 몸을 태워 뼛가루를 항아리에 넣고 납골당에 안치하지.

그렇다면 마음은 어떨까?

어떤 사람은 마음도 신체 작용의 일부라 죽으면 몸과 함께 사라진다고 생각하는 사람이 있어. 그렇지 않고 몸이 죽어도 마음이나 영혼은 다른 세계에서 계속 살아간다고 생각하는 사람도 있지. 마음은 죽지 않는다는 거야. 또, 사람은 죽어도 다른 사람의 기억 속에서 계속 살아간다고 생각하는 사람도 있어.

너는 어떻게 생각해? 나는 두 번째 생각은 믿지 않아. 몸이 없어지면 자기 자신이라고 부를 수 있을까? 영혼만 남아 있는 자신은 살아 있다 해도 뭘 어찌할 수 없는 거 아니겠어?

 ### 산 사람과 죽은 사람의 만남

죽으면 어떻게 될까? 죽은 사람과 대화할 수 없으니 알 수 없지. 하지만 산 사람과 죽은 사람은 다양한 방법으로 관계를 맺고 있어. 성묘를 가기도 하고 꽃을 바치거나 향을 피우기도 하면서 말이야. 죽어서 완전히 없어진다면 누가 그런 행동을 하겠어?

우리 할아버지는 내가 초등학교 3학년 때 갑자기 돌아가셨는데, 그 후 힘든 일이 있을 때면 할아버지 집이나 묘지에서, 아니면 하늘을 올려다보며 할아버지에게 고민을 털어놓았어. 대답은 한 번도 듣지 못했지만, 그렇게 하면서 혼자서 생각할 수 없었던 좋은 발상을 얻은 적도 있거든.

성묘하거나 고민을 털어놓는 대상은 그저 기억이나 상상일 뿐일까? 나는 그렇게 생각하지 않아. 그땐 나와 완전히 다른 무언가를 마주한다는 느낌이 들기도 하거든. 산 사람에게서 빠져나온 마음이나 영혼이 아닌 것 같았어. 그럼 대체 뭘까?

 ### 다른 사람의 머릿속에서 계속 살아가

고도 선생님이 말하는 것이 어떤 느낌인지 아주 잘 알 것 같아. 하지만 그런 일이 죽은 사람을 생각할 때만 일어나는 걸까?

예를 들어 멀리 이사 가서 더는 만날 수 없는 친구에게 마음속으로 고민을 털어놓을 때도 자기가 편한 대로 만들어 낸 단순한 '상상 속 인물'과 이야기하는 것에 불과하다는 생각은 안 들잖아. 눈앞에 없는 사람을 떠올리는 것은 그 사람이 죽었든 살았든, 자신과 사고방식이나 감각이 완전히 다른 또 하나의 사람을 머릿속에서 불러낸 거 아닐까? 그래서 눈앞에 없는 상대라도 진지하게 고민을 털어놓으며, 고도 선생님 말처럼 혼자서는 떠올릴 수 없던 좋은 발상에 다가가기도 하고.

고노 선생님은 '사람은 죽어도 다른 사람의 기억 속에서 계속 살아간나.'리고 했는데, 사실은 이 말을 하고 싶었던 것 같네.

그렇다면 '사람은 죽으면 어떻게 돼?'라는 질문은 죽은 사람 사신에게는 중대한 문제겠지만 살아 있는 우리들에게는 그다지 중요하지 않을지도 몰라. 죽은 사람은 우리들 머릿속에서 산 사람과 완전히 똑같은 방식으로 '계속 살아가고' 있으니까 말이야.

[마무리] 죽음에 대해 생각하면 일상을 보는 눈도 달라져

사람은 죽으면 어떻게 되는가. 이 질문은 옛날부터 많은 사람의 마음을 붙잡고 놓아 주지 않았어. 어쨌든 지금 살아 있는 사람들 가운데 죽어 본 사람은 없으니까 죽음은 누구도 경험할 수 없단 말이지!

고도 선생님과 쓰치야 선생님은 '산 사람과 죽은 사람이 어떻게 관계를 맺는가?'에 대해 이야기했어. 살아 있는 사람 입장에서 죽은 사람을 어떻게 바라보는가 하는 이야기지.

고도 선생님은 죽은 사람에게 고민을 털어놓는 경우가 있다는 예를 들었어. 멀리 이사 가서 만나지 못하는 친구도 그 점에서는 죽은 사람과 비슷하다고 쓰치야 선생님은 말했지.

하지만 맨 처음 고노 선생님이 말한 거 기억하니? 몸은 자연의 일부로 돌아간다는 것에 대해 어떻게 생각해?

아무리 마음속에서 고민을 털어놓아도 역시 몸이나 마음, 영혼처럼 그 사람과 관련된 부분이 있는 것과 없는 것 사이에는 중요한 차이가 있지 않을까? 아무것도 존재하지 않는다면 실제로 만날 수 없는 거잖아.

분명 마음속에 그 사람은 있어. 하지만 어디까지나 기억일 뿐이지. 유감스럽게도 그 사람은 진짜가 아닌데 '계속 살아 있다.'고 말할 수 있을까? 아니면 타인은 살아 있을 때부터 우리 마음속에 있을 뿐, 실제로 살아 있든 죽었든 별로 다를 게 없는 게 아닐까?

하지만 이건 정말 이상한 생각이네! 이렇게 생각하면 주위를 보는 눈도 달라질 것 같아.

죽음에 대해서 생각하면 일상을 보는 눈도 달라져. 이것도 철학이 재미있는 이유 가운데 하나지.

 3장을 읽고 떠오르는 질문이나 생각, 느낌을 써 봐.

네 생각과 통해서 기억해 두고 싶은 문장을 여기에 써 둬도 좋겠지.

아니면 마음대로 그림을 그려도 좋고, 물론 비워 둬도 상관없어.

추천의 말

자기 생각이 변해 가고 깊어지는 재미를 맛보길

이 책을 손에 들면서 혹시 너는 네 분 선생님이 모든 질문에 대해 똑 떨어지는 '정답'을 알려줄 거라 기대했니? 그랬다면 실망이 컸을 거 같은데?

'나는 아직 잘 모르겠어.'라고 하는 선생님 말에 놀랐을 수도 있고, 네 사람이 각각 다 다른 대답을 하는 데 당황했을 수도 있을 거야. 책 첫머리에 쓴 고노 선생님 말처럼 '네 가지 답을 듣고 고개를 갸웃거리거나 오히려 더 답답한 기분이 들지도' 모르겠고.

나도 어릴 적에는 어른은 뭐든 다 알고 있다고 믿었어. 그래서 어른은 아이들이 물으면 뭐든 다 척척 대답해 줄 수 있으리라 생각했지. 하지만 커 가면서 그게 아니란 걸 알고는 좀 실망했지.

하지만 곧 이런 생각이 들더라고. 선생님도 잘 모른다면 내 나름대로 고민해 보면서 답을 찾아보자. 그러자 내가 쑥 어른이 된 것 같은 기분이 들었고, 스스로가 좀 대견해 보이기도 하더군. 그러면서 선생님도 모르는 게 있다는 사실이 고소하기도 했고, 한편으론 그래서 더 친근하게 느껴지기도 했고 말이야.

너희들이 생각한 의문에 대해 세 철학자가 각자의 생각을 밝히고, 그

걸 정리해서 네 번째 철학자가 어떤 방향을 제시해 나가는 형식으로 이 책은 진행해 가는데, 내가 이런 질문을 받았을 때 어떻게 대답할까 하고 생각해 보니 꽤 어려운 것도 있었어.

그중에서 '친구는 많이 만들어야 해요?' 같은 질문에서도 생각이 많아지던걸.

그래도 이 책의 선생님들 대답을 하나하나 읽으니 고개가 끄덕여졌어.

맞아. 사람은 생각이 다 달라. 세상의 질문은 반드시 '하나의 정답'으로 귀결되는 게 아니고, 또 답이 없는 게 세상일지도 몰라.

세상에는 참 많은 책이 있지. 재미있고 웃기는 책을 읽는 것도 좋지만, 때론 이런 책도 한번 뽑아 들어 보는 건 어떨까?

고개를 갸웃거리면서 깊이 생각해 볼 수 있고, 친구들과 서로의 생각을 나누는 계기가 될 수도 있지 않을까.

김하루(동화 작가)

옮기고 나서

생각하고 또 생각하는 게 철학의 첫걸음

아이가 말문이 트이면서부터 시작된 질문은 '달님이 왜 우리를 따라와?' '산타 할아버지는 어떻게 내가 갖고 싶은 선물을 알아?' 같은 귀여운 궁금증도 있지만, '친구가 사과하면 꼭 괜찮다고 말해야 해?'와 같이 금방 답해 줄 수 없는 의문도 있습니다. 막연히 안다고 생각했던 것들도 아이 눈높이에 맞춰 대답하려면 바로 답이 나오지 않아요. '찾아보고 알려줄게!' 하고 엄마 사전의 밑천을 드러낸 적도 있지요.

질문의 폭풍은 학교에 들어가면서 좀 줄어드는가 싶었지만 '학교는 왜 가야 해요?' '왜 아이들은 화장하면 안 돼요?'라든가 '정직한 사람은 손해를 볼까요?' '사람은 죽으면 어떻게 되는 걸까요?' 같은 복잡하고 어려운 질문으로 바뀌었지요. 복잡하고 어려운 질문을 던진다는 것은 아이의 마음과 두뇌가 그만큼 자랐다는 증거일 거예요.

그러나 답을 해야 하는 처지에서는 마냥 즐겁지 않습니다. 옳은 답을 찾아주고 싶은 마음과 정답은 아닐지라도 부모 생각대로 대답하고 싶은 마음이 서로 부딪힙니다.

이런 의문에는 정답이 없을지도 모릅니다. 선생님들도 생각이 다 달라요. 이 말도 맞는 것 같고, 저 말도 일리 있습니다. 분명 잘 안다고 생

각했던 문제가 뜻밖의 측면을 보이기도 하고요.

정답을 몰라도 끝까지 읽고 나면 읽기 전보다 머릿속이 밝아진 느낌이 드니 신기하지요. 어떤 문제에 관해 생각하고 또 생각하는 것, 어쩌면 이것이 철학의 첫걸음 아닐까요? 곰곰이 생각해 보는 대상으로 자기를 둘러싼 세계만큼 좋은 재료도 없을 거예요.

그런 의미에서도 『세상 모든 게 궁금한 너를 위한 어린이 철학 카페』는 생각하는 연습을 위한 좋은 길잡이가 될 것입니다.

어릴 때부터 엄마에게 쉼 없이 질문을 던지던 초등학교 3학년 첫째 아이에게 이 책이 무엇보다 좋은 선물이 될 것 같아, 번역하는 내내 한 문장 한 문장 마음을 썼습니다.

이 책은 어린이를 대상으로 하고 있지만 아이에게 건네기 전에 부모님이 먼저 읽어 보시길 권합니다. 아이가 던지는 '왜'에 어떻게 대응할지 고민해 보는 즐거운 연습 시간이 될 테니까요.

송지현

● 지은이

고노 데쓰야

게이오기주쿠대학 대학원 문학연구과 박사과정 수료. 철학, 윤리학, 교육철학을 전공했습니다. 현재 릿쿄대학 문학부 교육학과 교수로 재임 중입니다. NPO법인 〈어린이 철학 어른 철학 ARDACODA〉 부대표이사 등의 활동을 통해 철학 하는 재미와 자유로움을 널리 알리고 있습니다. 저서로는 『도덕을 다시 묻는다 자유주의와 교육의 미래』, 『'어린이 철학'으로 대화력과 사고력 키우기』, 공역서로 『중학생들이 대화하는 철학 교실』 『탐구 공동체 생각하기 위한 교실』 『어린이를 위한 철학 수업 '배움의 장' 만들기』 등이 있습니다.

쓰치야 요스케

치바대학 대학원 사회문화학과 연구과 박사 과정 학점 취득. 교육학 박사. 어린이철학, 철학교육, 현대철학을 전공했습니다. 현재 가이치니혼바시가쿠엔중학교 및 고등학교에서 교사로 재직하고 있습니다. NPO법인 〈어린이 철학 어른 철학 ARDACODA〉의 이사이기도 하며, 공역서로 『중학생들이 대화하는 철학 교실』 『탐구 공동체 생각하기 위한 교실』 등이 있습니다.

무라세 도모유키

치바대학 대학원 인문사회학과 연구과 수료. 박사. 현대철학, 철학교육을 전공했습니다. 현재 도쿄공업고등전문학교 일반교육과 조교수로 재임 중입니다. 공역서로 『중학생들이 대화하는 철학 교실』 『탐구 공동체 생각하기 위한 교실』 등이 있습니다. 공저로 『어떻게 하면 교실에서 생각할 수 있을까』 『철학 트레이닝1』이 있으며, 『알려줘! 철학자들』을 감수·번역했습니다.

고도 와카코

도쿄대학 대학원 교육학연구과 박사과정 수료. 중고등학교에서 대화를 통한 철학 수업, 부모와 자녀가 함께 듣는 철학 교실, 철학 카페, 질문이나 고민을 풀어보는 철학 상담실 등 철학을 통해 서로 이야기하는 활동을 전개하고 있습니다. 공역서로 『어린이를 위한 철학 수업 '배움의 장' 만들기』 등이 있습니다.

● 옮긴이

송지현

한국외국어대학교 일본어과 졸업, 동 대학교 일반대학원 일어일문학과 석사 과정을 수료하였습니다. 2011년 일본으로 가 도쿄대학 대학원 인문사회계연구과(일본문화연구 전공) 석사 학위를 받았습니다. 현재 일본에 머물며 좋은 어린이 책을 번역·소개하고 있습니다. 번역한 책으로 『0~1세 아기 교육-머리 좋은 아이로 키우는 구보타 할머니의 뇌과학 육아 비법』, 『곤충들의 축제』, 『올빼미 연구 노트』, 『조사하고 비교하고 기억하는 힘이 생기는 똥 도감』 등이 있습니다.

세상 모든 게 궁금한 너를 위한
어린이 철학 카페

고노 데쓰야 • 쓰치야 요스케 • 무라세 도모유키 • 고도 와카코 글 | 송지현 옮김

1판 1쇄 발행 | 2019년 8월 30일   1판 2쇄 발행 | 2020년 5월 25일
펴낸이 | 최용선 펴낸곳 | 도서출판 북뱅크
등록 | 제 1999-6호(1999. 5. 3)
주소 | 21453 인천광역시 부평구 백범로 478 종근당빌딩 501호
전화 | (032)434-0174 / 441-0174   팩스 | (032)434-0175 이메일 | bookbank@unitel.co.kr
페이스북 | https://www.facebook.com/bookbankbooks   인스타그램 | @bookbank_book
홈페이지 | bookbank-books.com
ISBN 978-89-6635-104-6 73380

이 도서의 국립중앙도서관 출판시도서목록(CIP)은 e-CIP 홈페이지(http://www.nl.go.kr/ecip)와
국가자료공동목록시스템(http://www.nl.go.kr /kolisnet)에서 이용하실 수 있습니다.
(CIP 제어번호 : CIP2019024908)

품명: 아동도서 **제조년월**: 2020년 5월 25일 **사용연령**: 10세 이상 **제조자명**: 도서출판 북뱅크
제조국: 대한민국 **연락처**: (032)434-0174 **주소**: 21453 인천 부평구 백범로 478 501호
주의사항: 종이에 베이거나 긁히지 않도록 주의하세요. 책 모서리가 날카로우니 던지거나 떨어뜨리지 마세요.
KC마크는 이 제품이 공통안전기준에 적합하였음을 의미합니다.